# Manfred Klose

## Wider das Vergessen

*Hans-Jürgen,*

*Schiller, Rudolstadt, „Die Glocke" und „Die Sendung Moses" waren noch vor Kurzem für uns ein Diskussionsthema. Jahre zuvor hattest Du mich zur Lithografie „Rudolstadt und 20. Klassentreffen 12b" angeregt. Es bleibt unvergessen.*

# Manfred Klose

# Wider das Vergessen

Persönliche Historie, Israel, Bezüge zu Günter Grass

# Inhaltsverzeichnis

# *Vorwort*

**M**ehr als 20 Jahre seit dem Mauerfall sind mittlerweile vergangen. Mit: „Wir sind ein Volk" wurde die friedliche Revolution in Deutschland eingeleitet. An die Stelle von Diktatur und Unfreiheit im Osten Deutschlands trat Demokratie und Rechtsstaatlichkeit und für viele Menschen ein Leben mit dem Anspruch auf Freiheit und Menschenwürde.

Mit der Wende wurde die deutsche Einheit vollzogen. Über den richtigen Weg dahin gab es verschiedene Auffassungen. Und neue zuzusätzliche globale Veränderungen und Herausforderungen folgten.

Mehr denn je galt und gilt dabei auch heute noch in Anlehnung an Wilhelm von Humboldt in etwas abgewandelter Form der Satz:
„Nur wer seine Vergangenheit kennt, kann seine Zukunft meistern".
Deshalb darf es ein Vergessen nicht geben, damit die Grundlage der Demokratie, die Freiheit des Einzelnen in Verantwortung, wahrgenommen werden kann.

Ich glaube, dass da neben Solidarität und maßvoller Toleranz vor allem Wachsamkeit und Mahnung vor anstehenden Gefahren, welcher Art und wo auch immer sie beobachtet werden, eingeschlossen werden müssen.

Mir war es erst nach meiner Ausreise in den westlichen Teil Deutschlands vergönnt, Günter Grass´ Roman „Die Blechtrommel" zu lesen. Dieser war für mich so etwas wie ein Synonym für meinen eigenen Rückblick und Anlass, ihn in „Von Mauern geprägt" und „Wider das Vergessen" zu reflektieren.

Der Mauerfall war vor allem wohl auch ein Beginn einer allgemeinen Öffnung, vor allem der Öffnung der Menschen, nicht nur in Deutschland, zueinander, wobei inzwischen, glücklicherweise muss man sagen, auch Mauern in den Köpfen von vielen Menschen nach und nach verschwanden.

Ich glaube, dass der Zweck des epischen Gedichts „Was gesagt werden muss" von Günter Grass auch eine Mahnung sein soll. Und mir scheint, dass es darüber hinaus auch Anstoß sein könnte zu mehr Miteinander in unserer mehr globalisierten Welt, politisch, wirtschaftlich und kulturell, um so auch Gefahren, wie etwa durch den Israel-, Iran- und auch den Syrien-Konflikt, möglicherweise besser abwenden zu können.

# Erholsame Läufe

**E**in langer Winter ist endlich vorüber. Die letzten Wochen und Tage heuer, im Frühjahr 2012, waren grau in grau, wenig animierend für ausgedehnte Wanderungen oder für meine geliebten regelmäßigen Läufe durch die herrlichen heimischen Wälder.

Die meisten meiner sportlichen Aktivitäten in den letzten 15 Jahren beschränkten sich darauf. Es war fast zur Regel geworden, dass ich mich zum Ausklang der Arbeitswoche, an den Freitagnachmittagen mit Arbeitskollegen benachbarter Institute am Ausgangstor meiner Dienststelle, dem Deutschen Zentrum für Luft- und Raumfahrt (DLR), zu 3-stündigem Laufen traf. Schon vor Laufbeginn freuten wir uns über das sich anschließende Pizza-Essen. Es war kurz zuvor bestellt und natürlich immer pünktlich und frisch gebacken geliefert worden. Für den ausgezeichneten Pizza-Bäcker von nebenan mittlerweile ein eingefahrenes Ritual.

Diese Aktivitäten, ganz gleich, ob in der Gruppe mit Kollegen, mit anderen Sportkameraden oder auch allein, sie waren zu etwas ganz Normalem geworden, zu etwas, was nicht mehr wegzudenken war. Es war etwas, was der Körper brauchte, was ich brauchte, um fit zu sein. Die anstehenden Tagesaufgaben, die oftmals mehr als 12-stündige Arbeiten im Labor oder am Computer in Anspruch nahmen, hätte ich ohne eine derartige mentale Stärkung, die Stress abbaute und Geist wie Körper für Neues frei machte, wohl kaum bewältigen können. Wie oft hatte ich von Menschen unterschiedlichster Prägung gehört, sie seien beruflich derart eingespannt, dass sie keine Zeit hätten, weder für das Working noch für das Joggen. Etwa dreimal in der Woche, eine halbe bis eine Stunde wäre da völlig unmöglich. Sie merkten aber dabei oft nicht, dass sie eine wesentlich längere Zeit für Telefonate mit dem Handy oder vor dem Fernseher verbrachten.

Mir ging es ähnlich wie vielen anderen, denen ich in diesen Jahren bei längeren Läufen, oft Marathonläufen, begegnete. Und ich erinnere mich noch genau an die Gespräche, die ich dabei führte. So unter anderem vor und während des Freiburg-Marathons mit einem an der dortigen Universität praktizierenden Mediziner oder später in Long Beach mit einem deutschen Physiker-Kollegen, der als Professor an der Harvard-Universität tätig war. Ihn begegnete ich bei meinem morgendlichen Laufen entlang der Uferpromenade von Long Beach nahe L.A.. Und wie ich war auch er, der seine Sporen in Deutschland verdient hatte, Teilnehmer der hier stattfindenden Konferenz über Laserforschung und neue elektronische Bauelemente. Er war Konferenz-Chair und keiner der Tagungsteilnehmer hätte geglaubt, dass dieser Mensch, der immer außerordentlich engagiert und frisch wirkte, trotz des frühen Tagungsbeginns - acht Uhr morgens - schon mehr als 10 km in seinen Knochen hatte.

Ich war von diesen Läufen auch deshalb vor allem angetan, weil sie mir besonders geeignet schienen, etwa einen Vortrag vor solch einer Konferenz Revue passieren zu lassen oder auch schwierige Sachverhalte frei von täglichen Anspannungen mit dem erforderlichen Abstand zu verstehen und zu bewerten. So oder so ähnlich war es auch, als ich mich entschied, einer Bitte meiner Bekannten und Kollegen, meist waren es die aus meinem unmittelbaren Arbeitsumfeld im Stuttgarter Institut, nachzukommen, autobiografisch und gewissermaßen retrospektiv über mich, mein Leben und das meiner Familie, über unmittelbar in der ehemaligen DDR Erlebtes, zu berichten. Und das geschah dann auch mit dem Schreiben und Veröffentlichen „Von Mauern geprägt - eine nicht ausschließliche 40 Jahres-Retrospektive" [1].

Der heutige April-Tag war ein besonders sonniger Tag. Nichts erinnerte an die Tage zuvor. Auf der Waldstrecke, die Ich standardgemäß bei meinen Läufen passierte, hatte sich in den letzten Wochen ein Wandel vollzogen. Die erhöhten Temperaturen und die erhöhte Luftfeuchtigkeit hatten einen regelrechten Wildwuchs hervorgerufen. Der kleine Parkplatz auf halber Laufstrecke nahe dem von vielen Stuttgartern äußerst beliebten Dachswald im Stuttgarter Süden war jetzt von übermäßig wuchernden Hartriegel-, Esche- und Spitzahorn-Sträuchern überdeckt. Der vormals relativ breite Laufweg wurde dadurch stark eingeengt, war nun ganz anders als noch vor sechs Wochen. Das Vogelgezwitscher und das Balzen von Amseln, was zuvor fehlte, begleiteten mich jetzt. Und ich fragte mich, bin ich denn hier überhaupt richtig?

Am heutigen Tag beginnt meine Vorbereitung für den diesjährigen Köln-Marathon, wo ich im Marathon-Team des Deutschen Zentrums für Luft- und Raumfahrt starte. Wie die Jahre zuvor, habe ich auch dieses Mal über den Sportbeauftragen der Verwaltungszentrale in

Köln den Aufenthalt meines Stuttgarter Laufteams in der Sportkaserne im Militärflughafen Köln-Porz organisiert. Zu diesem Bundeswehr-Standort, besaß das DLR gute Verbindungen, denn viele Arbeiten, vor allem in der Laserforschung und Laseranwendung, wurden vom Bundeverteidigungsministerium (BmVg) finanziert.

# *Denkanstöße: Afghanistan und DIRCM*

Unsere Ankunft und unseren Aufenthalt hatte ich schon wie einige Male zuvor im Standort Köln-Porz dem dortigen Wachpersonal rechtzeitig mitgeteilt. Am Eingangstor begrüßt man uns, die wir mit zwei Autos ankommen, als wären wir Führungskräfte dieser Einheit. Ein für uns mehr als ungewohntes Bild mit streng blickenden, salutierenden Soldaten, die uns mit knappen Handbewegungen den Weg weisen.

Die parkähnlichen Anlagen dieser Einrichtung bilden recht gute Voraussetzungen für unsere lockeren Trainingsläufe im Vorfeld des anstehenden Kölner Marathon-Spektakels. Ein kleines Restaurant gibt es hier auch und die Bäckerei, zwar schon außerhalb der Einheit, ist aber immerhin doch noch schnell zu erreichen. Es war Usus: Wer von uns nicht die Brötchen besorgt, ist für das Kaffekochen in der kleinen Küche des von uns bewohnten Blocks zuständig. Alles ist wohl aufgeteilt und von einer Art Teamgeist bestimmt.

Unsere Anwesenheit hier ist meistens während verlängerter Wochenenden, einen oder zwei Tage vor und einen Tag nach dem Kölner Lauf. Die meisten der hier stationierten Soldaten sind da bereits zu Hause oder auf dem Wege dorthin, so dass es in der Regel dann recht ruhig an diesem Standort zugeht. Zweimal kam es in den vielen Jahren aber doch vor, dass wir mit Aktionen konfrontiert wurden, die mit dem Abflug von Bundeswehreinheiten vor allem nach Afghanistan oder mit deren Rückkehr von dort verbunden waren. Und das war dann natürlich nicht geräuschlos, ging auch nicht unbeachtet an mir, an uns, vorüber.

Afghanistan war viele Jahre und ist auch heute noch in meinem Bewusstsein so etwas wie ein neuralgischer Punkt. 1979, nach Übernahme der Macht in diesem Land durch die Demokratische Volkspartei Afghanistans, begann hier der Bürgerkrieg mit unsäglichem Leid und ein Jahr später die Intervention von Einheiten der damaligen sowjetischen Armee. Ihr Ziel war es, den Bürgerkrieg zu beenden und Afghanistan stärker an die Sowjetunion zu binden. Mehr als 100.000 Sowjetsoldaten besetzten danach das Land. Der Militäreinsatz war aber ein hoffnungsloses Unterfangen und endete nach circa 10 Jahren mit der Aufgabe des Machtmonopols der Kommunistischen Partei Afghanistans und mit dem Rückzug der Einheiten der Sowjetarmee. Es gab in dieser Zeit mehr als eine Million Tote, darunter etwa 15.000 sowjetische Soldaten. Und mehr als 5 Millionen Afghanen verließen dabei das Land, ihr Land [2].

Bei meinen häufigen Besuchen in der ehemaligen Sowjetunion, wo ich in Kooperation mit russischen und polnischen Kollegen am Lebedev-Institut in Moskau und am Vereinigten Institut für Kernforschung in Dubna, nur ca. 200 km von Moskau entfernt, spektroskopische und kernphysikalische Untersuchungen an speziellen Festkörpern und Elektrolytlösungen durchführte, blieben für mich diese Aktivitäten natürlich nicht unbemerkt. Die damalige verbreitete Bewertung dazu durch die Instituts-Kollegen - soweit ich das wahrnehmen konnte - war dabei ähnlich zu derjenigen meines engeren Kollegenkreises

in der DDR, und zwar völlig gegensätzlich zu den politischen State-
ments in den mir zugänglichen Medien, sowohl in denen der damaligen SU als auch in denen der DDR.

Im Ausland einmal tätig zu sein, noch dazu als Physiker an einer
bedeutenden internationalen Großforschungsanlage, war für mich
schon als Student so etwas wie ein Traum. Die Ergänzung der von
mir seit meiner Diplomarbeit betriebenen Raman-Diagnostik durch
die inelastische Neutronenstreuung war zu dieser Zeit ein äußerst
aktuelles Thema. Und das auszuführen war mir, wenn überhaupt,
nur im Vereinigten Institut für Kernforschung in Dubna möglich. Dort
längerfristig in der Forschung zu arbeiten, kam eigentlich nur für Genossen in Frage. Für mich als Nicht-Genosse war es allerdings ein
Glücksumstand, dass meine Untersuchungen an wässrigen Lösungen von Uranylperchlorat und Tetraalkylammonium-Salzen für den
international anerkannten Physikochemiker Prof. Kurt Schwabe, im
Zusammenhang mit seinen Brennstoffzellen-Entwicklungen, von Interesse waren und so auch sehr gefördert wurden. Er war als Präsident der Sächsischen Akademie der Wissenschaften zu Leipzig zudem mein oberster Dienstvorgesetzter. Aber, um in Dubna zu for-
chen, durfte man keine Kontakte zu Verwandten im westlichen Teil
Deutschlands besitzen, andernfalls musste man sie abbrechen. Das
war die Mindestforderung, und dazu musste man sich schriftlich erklären.

Eines Tages, bei einem Besuch an der damaligen Sektion Physik
der FSU Jena, traf ich meinen einstigen Mitstreiter aus der Studien-

zeit.

Wir waren während der Dauer der Diplomarbeit häufig auch Samstagnachmittag im Raman-Labor tätig. Nach getaner Arbeit hatte ich es nach und nach gelernt, seinen lockigen dichten Haarschopf zu stutzen. Viel konnte da ja bei einer derartigen „Haarpracht" nicht schiefgehen, und das war ihm auch geradezu willkommen. Er ersparte sich da nicht nur Zeit, die er bei einem Gang zum Friseur hätte mitbringen müssen. Vor allem aber sparte er dadurch, was mindestens genauso wichtig war, Geld für das Haareschneiden. Und im Laufe der Zeit hatte ich so eine derartige Perfektion, ja fast Professionalität, dabei erreicht, dass meine ganze Familie, meine Frau, mein Sohn und später auch meine Tochter „daran glauben mussten". Unser nicht gerade üppiger Verdienst war dadurch etwas weniger strapaziert worden. Ein Zustand, der im Falle meiner Frau, bis heute angehalten hat. Ja, es kam im Laufe der vielen Jahre doch auch schon vor, dass meine Frau doch auch einen „richtigen" ordentlich gelernten Friseur aufsuchte, der ihr dann auch „seine Frisur", eine modische Standard-Frisur, verpassen sollte. Und es kam so, wie ich es fast erwartet hatte. Meine Frau konnte es mit einer derartigen Frisur, die gar nicht zu ihr passte, auch nicht aushalten. Sie war kaum nach Hause zurückgekehrt, da war ich wieder „mit von der Party". Mit einer Schüttelfrisur, die damals ebenfalls in Mode war und die zu machen ich ganz gut beherrschte, konnte ich dann zur Freude aller und vor allem zu ihrer Zufriedenheit, das gewohnte Bild von ihr wieder herstellen.

Diesen ehemaligen Studienkollegen, der nach dem Studium in Jena mehrere Jahre bis zur Promotion an einer Moskauer Universität tätig war, fragte ich nun, ich glaubte Vertrauen zu ihm haben zu können, was er von der genannten „Dubna-Forderung", alle West-Kontakte abzubrechen, halte. Und er erwiderte mir ganz unverblümt und direkt: „Wenn man von Dir so etwas verlangt, dann tue es doch. Wenn die oben das so wollen. Du wirst Dir doch nicht unnötig Deine Zukunft verbauen. Deine Frau kann ja alles, was damit zusammenhängt, auch erledigen, etwa die Post oder eventuelle Telefonate dorthin, zu den Verwandten oder Freunden, zu Onkel oder Tante."

In der Wendezeit musste ich allerdings auch erfahren, dass er offenbar auch für die Stasi gearbeitet hatte und daraufhin auch dann von der Jenaer Friedrich Schiller-Universität entlassen wurde. Als ich mit ihm die Jahre zuvor gesprochen hatte, musste er aber wohl längst für sich - so schien es mir jedenfalls im Nachhinein - mit dieser Vergangenheit und Einstellung gebrochen haben. So mein Empfinden jedenfalls, als ich davon hörte. Offenbar war seine Stasi-Verpflichtung auch ein Relikt aus vorangegangenen Zeiten, hoffend, damit für die eigene Karriere da etwas nichts weiter Schlimmes zu tun. Meine Vermutungen schienen zu stimmen, denn in meinen persönlichen Stasi-Unterlagen, in die ich wenige Jahre nach der Wende bei der Gauck-Behörde Einsicht nehmen konnte, war nichts zu entnehmen, was ihn hätte belasten können. Und ich glaube, dass das aber auch eine gewisse Tragik dokumentiert, die die Menschen im SED-Regime durchlebten. Gleichsam ist die Möglichkeit zu solch einer Selbstbestimmung und zu Recherchen, die sowohl Menschen belasten, aber auch entlasten können, ein guter Grund für die weitere Existenzberechtigung dieser Behörde.

Anders die Situation 2012. Vieles hatte sich inzwischen verändert. Die Mission in Afghanistan, speziell der dortigen Bundeswehrsoldaten, wurde nach dem Kampf gegen die radikal islamische al-Qaida-Organisation und der Tötung ihres Chefs Osama bin Laden dahingehend ausgerichtet, einen Kampf gegen den Terror zu führen. Dabei wurde vor allem das Ziel verfolgt, mitzuhelfen, einen afghanischen Staat zivil aufzubauen, der eine ausreichende Sicherheit besitzt und für den vor allem auch eine Zukunftschance besteht. –

Mir ist bewusst, Sicherheit, Freiheit und Verantwortung sind eng miteinander verbunden. Diese Begriffe waren in meinem Inneren, in meiner Gedankenwelt schon vor der Wende verankert und natürlich auch jetzt miteinander assoziiert, jetzt besonders aktiviert.

Und eine Mahnung besteht dabei, sie ist zeitlos und gilt weltweit: Einen Tag, wie den 11. September 2001, wo die Zwillingstürme des World Trade Center in New York durch al-Qaida-Terroristen zerstört wurden, darf es nie wieder geben.

Aufgrund meiner Tätigkeit beim DLR lassen mich derartige Themen in dieser Zeit nicht unberührt. Ich beschäftigte mich ja in internationaler Kooperation, vor allem mit Forschungseinrichtungen in den USA und Frankreich mit der optischen Gegenmaßnahme, d.h. mit den sogenannten Directed Infrared Countermeasures (DIRCM)-Projekten, die terroristische Anschläge auf Flugzeuge verhindern und damit ganz allgemein die Flugsicherheit erhöhen sollen.
Solche terroristische Anschläge gab es bereits in den 70er Jahren in

Vietnam und Simbabwe. 1994 begann nach einem Anschlag auf eine Dassault Mystère-Falcon 50, wo alle Flugzeuginsassen getötet worden, der Völkermord in Ruanda. Bekannt sind auch die Anschläge Ende der 90er Jahre auf Lockheed- und Boeing-Flugzeuge in Angola und Kongo, wobei zahlreiche Todesopfer zu beklagen waren.

Bei dem genannten DIRCM-Projekt ist es das Ziel, die auf Flugzeuge - meist bei ihrem Start oder bei ihrer Landung – gerichteten Raketen, die von MAN-PADs abgefeuert werden, durch geeignete Infrarot-Laserstrahlung zu zerstören oder so zu blenden, dass sie ihr Ziel, das jeweilige vorgemerkte Flugzeug verfehlen, d. h., dieses nicht treffen. Die damit verbundenen Forschungsaufgaben zur Laserstrahlung mit Infrarot-Frequenzkonversion, Polarisationsstabilität, Pulslängen- und Pulsfrequenzvariation waren für mich auch deshalb fas-zinierend, weil sich dafür auch viele zivile Anwendungen eröffneten, z.B. in der Medizin- und Werkstofftechnik oder in der Satellitennavigation, wie die Erstellung von Höhenprofildaten der Erdoberfläche.

Das, was mir in früheren Jahren in der DDR verbaut oder auch völlig illusionär war, etwa wesentliche Patente zu kreieren, die auch industriemäßig umgesetzt wurden und über wichtige Forschungsergebnisse weltweit, auf wichtigen internationalen Konferenzen oder an bedeutenden Instituten vorzutragen, wie zuletzt am MIT Boston oder im Forschungszentrum Engineering Park der Universität Sydney, war jetzt fast Normalität. Das sogenannte Dual Use, die zusätzlichen zivilen Anwendungen der oft vom Verteidiger BmVg finanzierten Forschungen, stand dabei immer, auch zwangsläufig, auf der Tagesordnung. Oft war das so spannend und aufregend, dass ich bei der täglichen Arbeit gar nicht merkte wie die Zeit verging. Neue Entwicklungen von Faserlasern mit miniaturisiertem Design und hoher thermischer Belastbarkeit hatten es mir dabei besonders angetan und regten mich immer wieder zusätzlich zum Nachdenken an.

# *„Die Blechtrommel" und „Was gesagt werden muss" – Meine persönlichen Bezugsmomente*

**E**ine knappe Stunde bin ich inzwischen auf meiner Standard-Laufstrecke in Stuttgart unterwegs. Diese Zeitspanne ist normalerweise bei mir immer nötig, um stressfrei zu sein, gedanklich frei von Alltagsproblemen. Heute aber kommen mir die überschäumenden medialen Beiträge und Diskussionen und zahlreichen Interviews zu dem von Günter Grass in der Süddeutschen Zeitung veröffentlichten Prosagedicht „Was gesagt werden muss" immer wieder in den Sinn. Ich kann mich davon kaum lösen. Und das kommt nicht von ungefähr. Ich brauche noch ein wenig Zeit, um die nötige Distanz dazu zu gewinnen.

Zu Günter Grass empfand ich eine besondere Affinität. Nicht nur deswegen, weil er wie ich im heutigen Polen geboren wurde. Von seinem Geburtsort Danzig, von der dortigen Lenin-Schiffswerft und meinem Geburtsort Hindenburg im oberschlesischen Kohlerevier um Kattowitz, gingen später, wie wir wissen, vor  inzwischen mehr als 25 Jahren, in hohem Maße die Freiheitsbestrebungen von Solidarnosc aus. Sie sollten die Welt radikal verändern.

Günter Grass, 14 Jahre früher geboren als ich, hatte eine wesentlich längere Zeit seinen Geburtsort und die dort lebenden Menschen bewusst erlebt. Seine epischen Beschreibungen dieses Umfeldes aus dieser Zeit zwischen dem 1. und 2. Weltkrieg, die ich nirgendwo anders so lebensnah und unterhaltsam auffinden konnte, sind so für mich mehr als nur Dokumente eines Zeitzeugen.

Ich kannte meinen Geburtsort und das Leben dort nur und vor allem durch die Erzählungen meiner Eltern oder auch meiner älteren Geschwister. Und das war natürlich nicht allzu viel, war doch recht bescheiden. Meine Eltern, wie auch viele andere Menschen in und um Hindenburg herum, interessierte in jener Zeit nur wenig, was in dieser Gegend über den gewöhnlichen Alltag hinaus geschah. Sie wussten nichts über das Konzentrationslager Auschwitz oder über die Rolle Hindenburgs als einer Außenstation dieses Vernichtungslagers und unterschieden sich da nicht von ihren Nachbarn. Man fragte da auch nicht nach, wollte eigentlich auch gar nichts davon wissen. Man machte sich auch keine Gedanken darüber, wenn in den deutschen Grenzregionen die Namen mit slawischem Ursprung „verdeutscht" oder wie man auch sagte „germanisiert" wurden. Das konnte gezwungenermaßen, wie im Fall meiner Familie - mein Vater war als Lehrer gewissermaßen „Staatsdiener"- geschehen oder auch freiwillig, wie es Günter Grass In „Katz und Maus" [4] für den Priester der Marienkapelle seines Danziger Heimatorts beschrieb.

Aus meinem ursprünglichen Familiennamen Kloska, wie er noch auf der Geburtsurkunde meiner Geschwister und natürlich auch auf der Eheurkunde meiner Eltern steht, wurde so der Name Klose gemacht.

Es war ähnlich wie im Danziger Raum, wie es in der „Blechtrommel" [5] beschrieben wurde. Man lebte auch hier in Oberschlesien recht unkritisch zu dem, was um einen herum geschah, man wollte eben seine Ruhe haben. Auch meine späteren Recherchen dazu zeigten: Man wusste im Allgemeinen nichts über Judenverfolgung und Judendeportationen. Es war auch hier mit diesem Hintergrund - ähnlich wie in Danzig - jener Boden gegeben, auf dem letztlich der Nazismus „gedeihen" konnte [5].

Vor meiner Ausreise aus der ehemaligen DDR, vor der Wende, hatte ich zusammen mit meiner Tochter und meiner Nichte nach einem Prag-Besuch das in Nordböhmen gelegene Durchgangslager, das Ghetto-KZ Theresienstadt, besucht. Von hier aus wurden zig Tausende Juden in die Vernichtungslager Treblinka, Majdanek und Auschwitz deportiert.

Nur wenige Wochen später folgte mit meiner Tochter - wie in [1] beschrieben - der Besuch im KZ Auschwitz, nichtwissend, ob mir das später auch noch möglich sein würde. Ich betrachtete das als meine persönliche Art der Aufarbeitung eines grausamen Abschnitts unserer Geschichte. Ich wollte Auschwitz möglichst unmittelbar, möglichst unverfälscht und ohne mediale Verzerrungen selbst sehen und erleben. Und das trotz der Problematik, meine gerade erst 12-jährige Tochter damit zu konfrontieren.

Ich erinnere mich in diesem Zusammenhang auch an eine Abendsendung im ZDF im Februar vergangenen Jahres 2012 mit Anita Lasker-Wallfisch, inzwischen bereits 86-jährig, die die Konzentrationslager Bergen-Belsen und Auschwitz überlebte und 1944 nach

England flüchten konnte. Sie spielte häufig Cello im KZ Auschwitz. Und das war allgemein üblich beim Gang zur Arbeit oder auch vor oder nach schrecklichen Selektionen. Sie glaubte, dass sie in ihrem neuen Lebensraum England, nach dem Untergang des Naziregimes und nach dem Holocaust, über ihre Vergangenheit, nach ihrem Überleben in den beiden Konzentrationslagern, befragt werden würde. Aber zu ihrer Verwunderung blieb das vollständig aus. Erst nach 50 Jahren, im Jahre 1994, geschah das zum ersten Mal. In der Folgezeit war das allerdings häufiger der Fall, und heute ist sie deswegen zumeist in Schulen präsent.

Im „Tagebuch einer Schnecke" hat Günter Grass in einem Beitrag zu diesem schrecklichen Kapitel des Dritten Reiches, auf diese Judenvernichtung, Bezug genommen. Mit der erzählenden Konzeption des Studienrates Hermann Ott versucht er über das künstlerisch-literarische Mittel, den Schwierigkeiten eines Vaters, seinen Kindern Auschwitz zu erklären, zu begegnen [6].


Ich glaube, es ist derzeit eine ganz wichtige Aufgabe der Kunst- und Kulturszene eines Landes, diese Zeitgeschichte über das nazistische Dritte Reich aufzuarbeiten. Das sollte in kritischer Verantwortung geschehen, wo doch heute das Demokratieverständnis des Einzelnen auf der Grundlage seiner Menschenwürde real ist. Günter Grass hat das überzeugend getan.

Ich glaube, die jeweiligen Bilder von der Flucht zu Ende des Krieges, unsere jeweiligen Transporte in Güterwagen, sei es von Danzig oder - wie in meinem Fall - von Hindenburg aus, ähnelten einander. Vielleicht waren aber die etwa fünf Monate späteren Transporte aus Danzig - wie in der „Blechtrommel" beschrieben - nicht ganz so hektisch. Die Bilder vom Transport aus Hindenburg verblassten allerdings bei mir, damals gerade etwas mehr als 3 Jahre alt, inzwischen ebenso wie die von meinem Geburtsort, von den dortigen Straßen und Häusern, und das wohl doch in etwas stärkerem Maße.

Auch die Bilder von den anrückenden russischen Soldaten, und von den nachfolgenden sich ansiedelnden proletarischen polnischen Gruppierungen, die mir nur durch Hörensagen bewusst wurden, ähnelten sich möglicherweise einander. Vieles in Danzig und Hindenburg war da wohl vergleichbar und austauschbar. Nur gab es in Danzig zu jener Zeit sicher mehr polnische Instanzen und anderseits vergleichsweise weniger deutsche Einwohner als in Hindenburg.


Eine besondere Rolle spielte in Danzig das polnische Telegrafenamt, das sich zu Beginn des 2. Weltkrieges am 1. September 1939 als Zentrum des polnischen Widerstands etablierte. Die dort tätigen polnischen Angestellten verteidigten es aufopferungsvoll, waren aber schließlich doch der Übermacht der angerückten deutschen Wehrmacht unterlegen. Und viele von ihnen, insgesamt einunddreißig Männer, wurden dann, wie in der „Blechtrommel" beschrieben, von verblendeten deutschen Wehrmachtssoldaten erschossen. Darunter auch Jan Blonski, der vermutliche Vater von Oskar Matzerath, dem Blechtrommler. Eindringlich auch die an Oskar Matzerath gerichteten Worte des in Danzig stadtbekannten Schugger Leo, der einst das Priesterseminar besucht hatte, „dem kein noch so geheim gehaltenes Begräbnis verborgen blieb und der danach die Trauergemeinde mit den Worten empfing": „Alle Patronen, bis auf eine, die übriggeblieben ist, wurden gesichert" [5]. Die eine übriggebliebene, die er Oskar reichte, sollte für Mahnung und Appell stehen: Solche Geschehnisse dürfen nicht vergessen werden.

Die Plünderung jüdischer Geschäfte in Danzig war dem vorausgegangen. - Stellvertretend dafür beschreibt Grass die Beschmutzung des Schaufensters mit judenfeindlichen Parolen und die Zerstörung des Spielzeugwarenladens von Sigismund Markus. Von diesem Sigismund Markus, dem Spielzeugwarenhändler, bekam Oskar die Blechtrommel geschenkt. Zu ihm hatte er ein besonders freundschaftliches Verhältnis.


Und Grass deutete so, in seinem, während seines Pariser Aufenthalts von 1956 bis 1959 entstandenen, wohl bedeutendsten epischen Werk auch an, wie sehr er sich selbst mit diesen jüdischen Menschen verbunden fühlte. Er zeichnete damit vor allem aber auch auf, wie in einer derartigen oder ähnlichen Weise die grausame Gewaltanwendung gegen die Juden ihren Anfang nahm und deren Ausmaß die Menschen Jahre später erschreckend wahrnehmen mussten. Und das geschah, wie auch in seinen späteren Werken, niemals vordergründig. Mir erschien diese Aufzeichnung wie ein, wie sein Bekenntnis.

Im Anschluss an die sogenannte Aktion „Heim ins Reich" wurde Danzig „Freie Reichsstadt". Es gab nicht wenige der dort lebenden

Menschen, die das auch bejubelten. Sie waren ebenso durch das herrschende Regime manipuliert worden, wie ich das später in der ehemaligen DDR im Verhalten vieler Menschen auch selbst erlebte.

In den 50er und 60er Jahren, aber auch danach, gab es hier ebenfalls nicht gerade wenige, die in ihren Verhaltensweisen bei diversen Versammlungen oder Kundgebungen sich ähnlich verhielten, sei es etwa nach den Niederschlagungen des Arbeiteraufstandes in der DDR 1953, des Ungarn-Aufstandes 1956 oder des Prager Frühlings 1961.

Es war etwas, was ich bis heute nicht verstehen konnte.

Die mit der Aktion „Heim ins Reich" einhergehende deutsche Besetzung der östlichen Grenzgebiete zu Polen war damit verbunden, dass "polnische Bauernfamilien von ihren Höfen aus dem Danziger Hinterland, von der Kaschubei bis hin zur Tucheler Heide, vertrieben und an ihre Stelle sogenannte baltische Beutedeutsche angesiedelt wurden." [5].

# Erinnerungen an meinen Vater

**M**ein Vater war erst 1949 aus russischer Kriegsgefangenschaft nach Hause, in unsere neue thüringische Heimat Schwarza, zurückgekehrt. - Nachhaltig meine erste Begegnung mit ihm. Abgemagert war er, und so sah ich ihn. So stand er plötzlich eines Tages hinter mir. Bislang hatte ich kaum eine Vorstellung von ihm. Ich kannte nur sein Hochzeitsbild  und ein Bild mit uns Kindern.

Vom Gartentor aus rief er mich. Ich war nur wenige Meter entfernt, nahe der Hauseingangstür. Ich hörte meinen Namen Manfred und dachte zunächst, hinter mir steht ein Polizist. Ich hatte mich kurz zuvor „überhängender Kirschen" im Garten eines Nachbarn „angenommen". Nicht zu dessen Freude, was er auch lautstark von sich gab. Es waren nicht viele Kirschen. Sie stillten aber immerhin meinen Heißhunger und Appetit. Nun war ich aber mehr als überrascht. Mein Vater war wieder zu Hause. Es war ein neuer Zustand, an den ich mich erst gewöhnen musste. - Ich hatte früher [1] bereits ausführlicher darüber berichtet.

Gerade mal 18 Jahre geworden, wurde mein Vater gewissermaßen mit dem letzten Aufgebot 1917 zum Wehrdienst eingezogen, um bei den grausamen Flandernschlachten, den großen Materialschlachten des 1. Weltkriegs eingesetzt zu werden. Er erlebte das Ende der deutschen Angriffsvision, den beginnenden Stellungskrieg, die Wende an der Westfront und den schrittweisen Rückzug der deutschen Wehrmacht. All das und vor allem die anschließende französische Gefangenschaft gingen nicht spurlos an ihm vorüber. Er sprach später niemals darüber, ebenso wenig wie über die erlebten Kriegsjahre und Jahre russischer Gefangenschaft in der Zeit von 1939 bis 1949. Ich erfuhr darüber nur ein wenig durch meine Mutter und die jüngere Schwester meines Vaters, Tante Liesel. Tante Liesel wohnte auch in Schwarza, und ich besuchte sie öfters. Sie hatte ein besseres Radio als wir. Wir hatten ja nur einen Volksempfänger. Und da konnte ich dann ungestört an Samstagnachmittagen die Nachrichten und Kindersendungen hören.

Die Jahre der Gefangenschaft hatten meinen Vater sehr geprägt, und es war nicht einfach mit ihm umzugehen. Ich hatte immer den Eindruck, dass seine Psyche äußerst mitgenommen war, denn ein gewisser lockerer Umgang mit anderen Menschen, so auch mit uns Kindern, wie ich das häufiger bei Bekannten erlebte, fiel ihm sehr schwer, ja fehlte ihm eigentlich fast gänzlich. Möglicherweise verdrängte er vieles, wollte sich an schrecklich Erlebtes nicht erinnern und das auch nicht an mich, an uns Kinder, weitergeben. Traumatische oder posttraumatische Zustände uns mitzuteilen, war nicht seine Art. Hinzu kam auch die Ungewissheit, wie das vielleicht in der unmittelbaren Umgebung aufgenommen werden könnte, denn er kam ja aus einem russischen Land und lebte nun in einer russisch besetzten Zone. Die Familie, vor allem wir Kinder, sollten damit nicht konfrontiert werden, keinen unnötigen Schwierigkeiten ausgesetzt sein. Wir Kinder sollten frei von alledem aufwachsen.

Die Kompliziertheit dieses Sachverhalts wird einem dadurch vielleicht bewusst, wenn man weiß, wieviel Unheil in diesem Krieg angerichtet wurde. Im Wohnort meiner Großeltern wurden am Ende des Krieges von den angekommenen russischen Soldaten in einem Racheakt alle älteren Männer des Dorfes erschossen als Antwort auf Panzerfaust-Attacken von verblendeten jungen deutschen „Werwolf"-Soldaten gegen sie.

Anderseits teilte mein Vater über das Rote Kreuz aus russischer Gefangenschaft/Raum Moskau auf einigen Karten, von denen ich erst jetzt Kenntnis erhielt, auch mit, dass er im Wesentlichen - vor allem vom dortigen medizinischen Personal - recht ordentlich behandelt wurde und dass auch das Essen o.k. war. Trotz allem, trotz Krieg, trotz schrecklicher Geschehnisse, da gab es aber auch die Menschen und auch Menschliches, und nur wenig Dokumente wie diese, die das nachhaltig belegen. Das relativierte auch ein wenig meine bisherige Kenntnis über die russische Gefangenschaft. Ich wusste, dass bei den Schlachten um Stalingrad im Sommer und Herbst 1942 etwa 770.000 Menschen ums Leben gekommen sind.

Von den eingekesselten 230.000 Soldaten der deutschen Wehrmacht kamen 110.000 in russische Gefangenschaft und nur 5000 davon konnten dabei das Kriegsende im Winter 1942 überstehen. Das deutete auf die Richtigkeit meiner bisherigen Informationen hin: Die russische Gefangenschaft hatte sich nicht gerade durch Mildtätigkeit ausgezeichnet. Es war Krieg, vieles war grausam. Und das war wohl auch die Regel.

СОЮЗ ОБЩЕСТВ КРАСНОГО КРЕСТА и КРАСНОГО ПОЛУМЕСЯЦА
СССР

Почтовая карточка военнопленного
Carte postale du prisonnier de guerre

Кому (Destinataire) _Familie Margarete Klose_

Куда (Adresse) _Schwarza Saale bei Rudolstadt_
_Thälmannstraße 16 bei Vogler, Thüringen._
_Deutschland._

Отправитель (Expéditeur)
Фамилия и имя военнопленного _Klose Georg Johann_
Nom du prisonnier de guerre

Почтовый адрес военнопленного _SSSR Moskau, Rotes Kreuz_
Adresse du prisonnier de guerre _Post/Z. Nr. 115/9_

---

_29. 3. 1946._

Meine liebe Gretel, meine lieben Kinder. Freue mich, Euch mitteilen zu können, daß ich gesund und munter bin. Es geht mir gut, denn die Verpflegung ist sehr schmackhaft, bekömmlich und ausreichend. die Unterkunft sehr zufriedenstellend. In Gedanken bin ich stets bei Euch und hoffe, daß der Tag nicht mehr allzufern ist, da wir uns alle glücklich wiedersehen werden. Gott beschütze Euch weiterhin. Herzliche Grüße und Küsse sendet in Liebe Euer Vater. Viele Grüße an die Geschwister, Schwiegereltern und Anverwandten.

**Eine der Karten (Vorder- und Rückseite) meines Vaters aus der russischen Gefangenschaft**

1956 begann mein Vater wieder in seinem Beruf als Lehrer zu arbeiten. Das nach der „Auszeit", wenn man es so bezeichnen kann, von 17 Jahren und in einer geänderten Welt. Der Lehrstoff war jetzt ein ganz anderer als der, den er in Oberschlesien den Schülern vermittelt hatte. Es gab jetzt in der Schule nicht mehr das Fach Religion, das er gern unterrichtet hätte. Das passte nicht in das Erziehungsbild des Arbeiter- und Bauernstaates DDR. Dafür musste er dann Zeichnen unterrichten, etwas, was er gar nicht konnte. - Der Zeichenunterricht war immer montags in der ersten Schulstunde. Um dem Dilemma, etwas selbst zeichnen zu müssen, zu entgehen, bat er mich, dass ich am jeweils vorangegangenen Samstag auf der Rückseite der vorn im Klassenzimmer stehenden Tafel mit Kreide und natürlich bunt, all das aufzeichnete, was die Schüler dann am folgenden Montag in ähnlicher Weise und ihren Vorstellungen entsprechend selbst zeichnen sollten. Verschiedene Motive gab es dabei. Solche aus der Natur, etwa die Bäume des Waldes zum naheliegenden Zeigerheim, die Preilipper Kuppe, eine imposante Schutzhütte auf dem Berggipfel hinter dem Zellwolle-Betrieb, wo fast alle Schwarzaer arbeiteten oder den Chemie-Sportpark mit dem Fußballfeld im Gemeindetal am Ausgang des Ortes in Richtung Bad Blankenburg, wo ich selbst Fußball „kickte". All das kannten ja alle Schüler der Klasse. Jeder konnte da seiner Fantasie freien Lauf lassen. Das war auch der pädagogische Anknüpfungspunkt für meinen Vater. So verstand ich das jedenfalls. Die Tätigkeit meines Vaters bestand nun darin, diese Tafel zunächst bei Unterrichtsbeginn zu drehen, sodass das von mir Gezeichnete, was bislang auf ihr rückseitig war, nun vorderseitig von den Schülern wahrgenommen werden konnte. Die eigentliche Aufgabenstellung war dann nur noch eine reine Formsache.

Ganz und gar nicht verstand ich, wie die Schüler am Ende der Schulstunde sich mit dem Pausenklingelzeichen von ihren Plätzen erheben mussten und dann wohlgeordnet in Reihe und Glied, mit nahezu militärischer Disziplin und Ordnung, das Klassenzimmer verlassen durften. War es nicht so, wie vorgegeben, musste alles nochmal wiederholt werden. Natürlich verkürzte sich so zwangsläufig die freie Pausenzeit. Ich musste mich, als ich das einmal miterlebte, nur an den Kopf greifen. Hatte kein Verständnis dafür. So etwas machte kein anderer Lehrer. Heute würde man das als Schikane bezeichnen, und es wäre so wohl auch undenkbar.

Trotzdem bewahrheitete sich schließlich doch sein pädagogisches Geschick, wovon ich erst viel später, aber auch wiederum viel zu früh, - durch die Zeitungsannonce der Schule anlässlich seines Ablebens - Kenntnis erhielt. Es war viel mehr als das, was ich da bislang wahrgenommen hatte. Es gab da offenbar viele Nuancen, für den Außenstehenden kaum wahrnehmbar, die ihm bei seinen Schülern ein beachtliches Maß Akzeptanz und Respekt verliehen.

Ich erinnere mich besonders auch daran, wie mein Vater, der sich selbst überhaupt nicht für Fußball interessierte und dem es auch überhaupt nicht passte, wenn ich am Sonntag im Verein dem Fußball nachrannte, wie er mich bei seiner Unterrichtsvorbereitung für den nächsten Tag, oft noch am späten Sonntagabend, nach den neuesten Fußballergebnissen des Ortsvereins oder auch der DDR-

Oberliga fragte. Er wusste, dass derartige „Allerweltsthemen" zum Alltagsleben gehörten, und er brauchte das deshalb offenbar auch für den rechten Umgang mit seinen Schülern. Fußballspielen, noch dazu vielleicht am Sonntag, war in seiner Zeit der Lehrerausbildung verpönt. Das passte nach damaligen Gepflogenheiten nicht in das Berufs- und Familienbild eines Akademikers. Jetzt war alles doch ein wenig anders. Er wusste das genauso wie ich.

Er war ein anderer, ein Besonderer, an den sich seine Schüler noch Jahre später, als er schon nicht mehr in der Schule unterrichtete, gern erinnerten. Deshalb besuchten sie ihn auch noch bei uns zu Hause lange Zeit nach seinem Ausscheiden aus dem Schuldienst, sei es zu Geburtstagen, sei es, dass es ihnen nur Spaß machte oder sei es, dass sie ihn auch nur um seinen Rat fragen wollten.

In diesem Zusammenhang ist mir heute noch besonders im Gedächtnis, wie mein Vater den Unterricht am ersten Tag in der Woche, meist war das die genannte Zeichen-Stunde, mit einem Lied auf der Geige begann.

In ähnlicher Weise erlebte ich später so etwas nur noch bei meinem Russischlehrer. Zu Klassentreffen nach Jahren erinnern sich daran ehemalige Schüler mit Freuden. Er wollte uns russische Lieder mit seinem Spiel auf der Gitarre näher bringen. Russisch war ja nicht jedermanns Sache, dazu bestand eine allgemeine Antipathie. Zum besseren Erlernen der russischen Liedtexte wurden dann noch von ihm diese Texte durch einfache kleine Zeichnungen auf der Klassentafel eindrucksvoll untersetzt. Eine Duplizität zu meinem Vater, von

der ich Jahre zuvor bei meinem „Hilfsdienst" nicht einmal geträumt
hätte.

Und ich erinnere mich an mein 50-jähriges Jubiläum anlässlich des
Ausscheidens aus der Grundschule in der Schwarzaer Kirche wie
mir der Pfarrer am Altar beim Überreichen der Jubiläumsurkunde
sagte, dass er sich heute auch noch gern an meinen Vater erinnert,
der sich hier vor 40 Jahren, „so ganz nebenbei" um den Kirchenbau,
um die dafür notwendigen freiwilligen Einsätze von Eltern, Schülern
und Bekannten kümmerte.

Ich erinnere mich an das Credo meines Vaters, womit er sich von
oberflächlichen, fast täglichen Parolen und Parteidogmen abwandte,
wobei er sich auch schwor, nie wieder eine Waffe anzufassen. Und
er stand auch da wohl gar nicht ganz alleine da.

Vielleicht beeinflusste das auch etwas mein Verhalten und spielte
vermutlich eine nicht unwesentliche Rolle, dass ich noch nicht einmal
bei Volksfesten, bei Kirmes etc. das Verlangen hatte, mit einem Luft-
gewehr nach Blumen oder anderem zu schießen, was auch ein Geschenk hätte sein können. Vielmehr erfüllte mich da schon in viel
stärkerem Maße fast jede echte sportliche oder auch schulische Herausforderung, gleich welcher Art sie war, auch wenn sie noch so
unbedeutend gewesen sein mag. Ohne es zuzugeben, war ich doch
schon ein wenig stolz darauf, dass in den langen Korridoren meiner
Schwarzaer Mittelschule über etliche Jahre nicht gerade wenige Bilder von mir aufgehängt waren. Oft waren es nur ganz simple Blei-
stift- oder Buntstiftzeichnungen von Blumen und Schmetterlingen.

Und Gleiches galt natürlich erst recht für die in meiner Oberschulzeit entstandenen bescheidenen, völlig unprofessionellen Porträt-Zeichnungen, meist in Kohle, die im barocken Residenzschloss Heidecksburg, im nahegelegenen, vor allem durch Schiller bekannten Rudolstadt, für einen vergleichsweise sehr viel kürzeren Zeitraum ausgestellt worden waren. Initiator dafür war die Zeichenlehrerin der Oberschule, von der ich viele Anregungen erhielt. Neben einigen Maltechniken, die sie vermittelte, lernte ich vor allem eins, nämlich, mir beim Zeichnen Zeit zu nehmen, um die Natur in Ruhe zu beobachten, diese gewissermaßen in mir „aufzunehmen". So etwa den Sonnenauf- und den Sonnenuntergang oder auch die Abenddämmerung. Und sie erinnerte dabei mit Nachdruck auch an Claude Debussys symphonisches Werk „Drei Szenen in der Abenddämmerung", das Anlass für die Inszenierung vieler bekannter Ölgemälde war. Diese Lehrerin wurde oft auch als Künstlerin bezeichnet, leitete ganz nebenbei das Zeichenaktiv der Schule und unterrichtete zudem auch noch Geschichte und Kunstgeschichte.

# *Elternhaus, jugendliches Verhalten und verschiedene Wege*

Viel später erst war es mir so richtig bewusst geworden: Mein Vater gab mir eine Orientierung, die mir in meinem späteren Leben vieles leichter machte, sicherlich auch leichter als das zum Beispiel bei Günter Grass der Fall war. Sein Vater war Kolonialwarenhändler, dem es möglicherweise schwer genug fiel, sich selbst zurechtzufinden. Ich glaube, Grass fehlte damit der notwendige Rückhalt. So nicht gerade in Rosen gebettet und in der gegebenen familiären Enge war das für den pubertären, kaum 15-jährigen Grass Anlass, sein Elternhaus zu verlassen. Wem nahm es Wunder, dass er, von seinem Umfeld, von katholischer Kirche und Nazipropaganda, von einer Ideologie der sogenannten Volksgemeinschaft, geprägt, nach persönlicher Bestätigung suchte. Geblendet von dieser Ideologie war der halbwüchsige Grass begeistert vom Reich und glaubte, wie viele andere, in der aufgeheizten Atmosphäre des Krieges auch an den Endsieg. Nachdem seiner Bewerbung zu den U-Boot-Waffen nicht entsprochen wurde, empfand er den Einberufungsbefehl zur Waffen-SS, der ihn im Arbeitsdienstlager im Spätsommer 1944 erreichte, als eine Art von Herausforderung. Für ihn war diese Einheit, wie für viele andere auch, eine Elite-Einheit, und er war unwissend, und das konnte kaum anders sein, über ihren kriminellen Charakter, ihre Verbrechen gegen die Zivilbevölkerung, gegen Kriegsgefangene und Zwangsarbeiter [7].

In der Regel kam man zur Waffen-SS nach freiwilliger Bewerbung, man sollte blond und blauäugig sein. Alles Attribute, die eigentlich zu Grass gar nicht passten. Fakt ist aber, der Einberufungsbefehl war nichts Außergewöhnliches. Gerademal 17 Jahre alt, als der Krieg bereits entschieden war, da wurde er so Mitglied bei der Waffen-SS in der Panzerdivision „Frundsberg", die sich zu diesem Zeitpunkt bereits in Auflösung befand. Nach wenigen Wochen seines militärischen Einsatzes, nach seiner Verwundung, kam er schließlich, ohne je mit einem Verbrechen konfrontiert worden zu sein, ohne je die Waffe eingesetzt zu haben, am 8. Mai 1945 in amerikanische Gefangenschaft [8],

Der deutsche Schriftsteller Burkhard Spinnen, dessen Vater etwa gleichaltrig mit Grass war und der ebenfalls Mitglied der Waffen-SS war, äußerte in einem bemerkenswerten Artikel in „Die Welt" im August 2006 [9]: „Grass und mein Vater waren Jungs, denen man die Köpfe verdreht hatte, bevor sie auch nur die Chance gehabt hatten, sich ein Rückgrat wachsen zu lassen. Wir ihre Kinder, Kinder der Freiheit und des Informationszeitalters und dennoch nicht gefeit gegen den Opportunismus, tun gut daran, ihnen nicht vorzuwerfen, dass sie im Sturm umgefallen sind, solange noch nicht feststeht, ob wir auch nur dem Wind standhalten können." Und der Schriftsteller Uwe Timm beschreibt in seinem Buch „Am Beispiel meines Bruders" [10] den Lebensweg seines älteren Bruders, der sich auch zur SS gemeldet hatte und bereits 1943 in der Ukraine ums Leben kam. In seinen Tagebuchaufzeichnungen hatte der Bruder die Tugenden be-

schrieben, die man besitzen musste und die einem durch eine entsprechende ideologische Erziehung vermittelt wurden, um ohne Scham und Mitleid das Unmenschliche, das Verwerfliche ausführen zu können. "All das konnte man später selbst kaum verstehen. Grass versuchte mit seinen literarischen Mitteln - wie in der „Blechtrommel" geschehen - seine Verachtung zu dieser Wehrmacht und die Schuld der NSDAP auszudrücken." Und Uwe Timm äußert sich weiter zu Grass [11]: „Ich habe ihn gelesen und er war Teil meiner literarischen und politischen Emanzipation... Ich kann mich erinnern, damals, beim Sechs-Tage-Krieg, als er nach Israel fahren und Hilfssendungen organisieren wollte. Er ist ja jemand, der das wirklich gelebt hat und nicht nur manchmal laut ins Horn gestoßen hat."
- Dass sein älterer Bruder bei der SS war, belastete noch viele Jahre nach dessen Tod die Familie. Mit diesem Umstand an die Öffentlichkeit zu treten, war für Uwe Timm, wie er es selbst formuliert [11], lange Zeit unmöglich. Ähnlich wie seiner Familie erging es vielen anderen Familien in Deutschland. Es ist ein Phänomen, das nur schwer oder kaum erklärbar ist, das auch ein Teil der Aufarbeitung dieser deutschen Geschichte ist.

Grass hat dazu bereits einen ganz wichtigen Beitrag geleistet, Diskussionen über eine zu späte breite öffentliche Darlegung seiner SS-Mitgliedschaft, falls überhaupt erforderlich, sind demgegenüber rein polemisch, meiner Meinung nach eigentlich sogar überflüssig.

Der Umstand, seinem Elternhaus in pubertärem Alter entkommen zu sein, war der hauptsächliche Grund für etwas, was ihn immer wieder selbstkritisch beschäftigte und was er auch in „Beim Häuten der

Zwiebel" zitiert: „Es dauerte lange bis ich im Schreiben begriff und mir zögerlich eingestand, möglicherweise Anteil an einem Verbrechen zu haben, dass mit den Jahren nicht kleiner wurde, das nicht verjähren will, an dem ich immer noch kranke" [13].

# *Am Beispiel Hermann Hesse*

**A**m heutigen Tag, dem 13. August 2012, wo im zu Stuttgart benachbarten Calw die Feierlichkeiten zum 50. Jahrestag des Todestags von Hermann Hesse, stattfinden, werde ich daran erinnert, dass auch das Leben dieses großartigen Schriftstellers nicht immer geradlinig verlief. Seine jungen Jahre waren gekennzeichnet von Schulabbruch und mehrfachen vorzeitigen Beendigungen von Lehrstellen.

Ein ähnliches jugendliches Verhalten, oft auch als Fehlverhalten bezeichnet, finden wir häufig in seinen Romananthologien bei autobiografischen Beschreibungen.

Bis vor kurzem habe ich geglaubt, dass man bei derartigen Verhaltensweisen und Entwicklungen in jungen Jahren unmöglich im späteren Leben bestehen könne. Heute frage ich mich aber oft, ob denn im Leben unbedingt immer alles geradlinig verlaufen muss, um Erfolg oder Erfüllung zu haben. Ich hatte früher immer das bekannte Sprichwort vor Augen: „Was Hänschen nicht lernt, lernt Hans nimmermehr." Aber wie so oft im Leben gilt offenbar auch hier: „Ausnahmen bestätigen die Regel". Möglicherweise war dieser andere ungerade Weg in beiden Fällen aber der richtige und ursächlich damit verbunden, dass dieser Weg ihrem Wesen besser entsprach. Günter Grass liefert dafür - wie Hermann Hesse - ein treffendes Beispiel.

# Meine Schwarzaer Jahre

In meinem Buch „Von Mauern geprägt" habe ich rückblickend auch meine Kind- und Jugendzeit in meiner neuen thüringischen Heimat beschrieben. In der Zellwolle, später Thüringisches Kunstfaserwerk genannt, wurden 4500 Arbeiter beschäftigt. Der Betrieb entstand in der Nazizeit, hatte ein Schwimmbad mit einem elektrisch betriebenen Wellenbad, und das konnte von allen Werksangehörigen und deren Familien kostenlos genutzt werden. Außerdem hatte er eine betriebseigene Bücherei und einen Betriebskindergarten. Ich erinnere mich, wie täglich aus der Werksküche das Mittagessen für den Kindergarten abgeholt wurde. Wir Kinder wurden da beim Transport regelmäßig beteiligt. Das Gleiche galt beim Abwaschen und Abtrocknen des Geschirrs nach dem Essen, das wir dadurch vielleicht auch umso mehr schätzen lernten.

Ein Teil der Arbeiter dieses Betriebs wohnte in der nahegelegenen Siedlung, meist in Eigenheimen, am Rande von Schwarza, errichtet Mitte der 30er Jahre. Die Menschen hier waren glücklich, hatten Brot und Arbeit und ahnten nichts von den geplanten abenteuerlichen Verbrechen des Nationalsozialismus. Sie besaßen zu diesem Leben in Zufriedenheit eigentlich auch gar keine Alternative und hatten so auch kein Verlangen da irgendetwas zu ändern.

Eine ähnliche Situation - Jahre später. Mit dem Krieg waren bekanntlich vielerorts Zerstörungen großen Ausmaßes einhergegagen. Weniger Zerstörungen gab es glücklicherweise in Schwarza. Der Zellwolle-Betrieb war unbeschadet erhalten geblieben und wurde in der Folgezeit um viele Gebäude erweitert. Seine Produkte Zellwolle und Perlon, letzteres später aus patentrechtlichen Gründen Dederon genannt, waren außerordentlich gefragt. Um ihre Qualität weiter zu verbessern, wurde ein zusätzliches Institut für Textiltechnologie der Chemiefaser gebaut, wo auch meine Mutter als Schneiderin tätig war und wo ich sie auch mehrfach besuchte. Mit dem Bau des Chemie-Sportparks und des Kulturhauses wurde für ein beachtliches soziales, sportliches und kulturelles Angebot für die hier lebenden Menschen gesorgt. Auch das Betriebsanrecht „Theater" gehörte dazu. Ich glaube, das war sogar kostenlos, ebenso wie die Mitgliedschaft im Sportverein.

In diesen Jahren, ich meine die Zeit bis Mitte der 50er, ging´s auch aufwärts. Wer konnte da schon ernsthaft etwas gegen die dogmatischen Parolen vom Sieg des Sozialismus einwenden? Die Lebenseinstellung der Mehrheit der jungen Menschen in der DDR war zu dieser Zeit oft im Einklang mit dem, was um sie herum geschah. Sie wurden, so wie es der Staat, wie es die Partei wollte, fast alle Mitglieder der Pionierorganisation und der FDJ und gingen zur Jugendweihe. Ein Teil davon wurde, meist aus Karrieregründen, auch Mitglied der SED. Und oft fehlte ihnen dabei der kritische Blick, eine Orientierung, wie ich sie von Kindheit an erhalten hatte. Einige von ihnen versuchen bis heute Erinnerungen dazu, auch gemachte Fehler, in ihrem Inneren zu verbergen oder auch zu leugnen.

Egon Bahr, der sich um positive Entwicklungen in der DDR und anderen östlichen Ländern verdient gemacht hat, deshalb auch oft als Architekt der Ostpolitik bezeichnet wird, äußerte sich zu dieser nicht ganz unkomplizierten Problematik sicherlich nicht ganz unzutreffend: „Wer nie im Glashaus saß, hat kein Recht mit Steinen zu schmeißen" [12]. D.h., viel von diesen Verhaltensmustern ist wohl letztlich von Außenstehenden nur sehr schwer zu bewerten.

Bis zu diesem Zeitpunkt haben die meisten von uns vieles der Parteipropaganda, der Parteibeschlüsse und Erfolgsmeldungen mit einem Lächeln hingenommen. Es galt oft der verbreitete Slogan: „Sage das Gegenteil von dem, was Du dazu denkst, dann liegst Du richtig". Das wurde bereits den Kindern beigebracht, ja, es wurde ihnen gewissermaßen anerzogen. Natürlich konnte so etwas nur eine Zeitlang gut gehen. Eine positive Kritik und Diskussion über bestehende Schwierigkeiten war nahezu ausgeschlossen und die Erziehung letztlich auch der Kinder so natürlich mehr als problematisch. Trotz der genannten positiven Erscheinungen, war man mit dem Erreichten aber oft nicht zufrieden. Die Staatsführung duldete keinerlei Kritik. Die Arbeiteraufstände im Juni 1953 waren so Ausdruck dessen. Sie wurden bekanntlich brutal niedergeschlagen.

Heute schmunzeln wir bei Klassen- oder auch Studienjahrestreffen über vieles, was uns damals bewegt und erregt hatte. Über eines aber kaum oder gar nicht: Dazu gehörte ganz gewiss die Diskussion über Mauer, Stacheldraht und Schießbefehl. Dazu gehörte auch das Wissen über Genossen, vor denen wir uns in Acht nehmen mussten, weil wir vermuteten, dass sie sich auch ihrer Karriere wegen vor Parteigremien lieb Kind machen wollten oder von denen wir annahmen, dass sie für den Staatssicherheitsdienst arbeiteten. Es gab aber auch Genossen, die konnte man wertschätzen und respektieren. Ich habe darüber auch in „Von Mauern geprägt" berichtet.


Bedingt durch den Leistungssport meiner Tochter hatten wir auch Kontakt zu den Eltern einer Familie, deren Tochter in der Wendezeit zu sportlichen europäischen Ehren kam. Der Vater war Genosse, war Waisenkind. Und alles, was er mit großem Fleiß erreichte, sei es im Studium oder Beruf, sei es bei der Förderung seiner Tochter, geschah mit Unterstützung des Staates. Er tat alles für seine Familie, was in seinen Kräften stand. Und nicht nur das.

Er hatte sich eine Fotoausrüstung, von dem nicht gerade üppigen Verdienst, wie ich meine, angeschafft, mit der er von allen Sportlerkindern, bei Spartakiaden oder Schaulaufen – auch ISU-Schaulaufen – wunderbare Bilder machte und diese in wunderschönen Alben, mit Texten untersetzt, an die jeweils betroffenen Familien weiterreichte. Auch Laufanzüge – maßgerecht - wurden von ihm für die Kinder gestrickt. Zu deren Freude, und einfach großartig, wobei die Kosten dafür, aus heutiger Sicht, fast vernachlässigbar waren.

Wir waren nicht selten zusammen. Ein großartiger Mensch, eine großartige Familie. Und trotzdem, nach meinem Ausreiseantrag, musste ich jeglichen weiteren Kontakt zu dieser Familie abbrechen. Das, um nicht seiner Familie und der leistungssportlichen Entwicklung seiner Tochter zu schaden, aber letztlich auch, um nicht meiner Familie, vor allem auch meiner Tochter keine größeren Schwierigkeiten zuzufügen. Nach der Wende, Jahre später, wussten wir, dass

dieses Verhalten völlig richtig war, dass es so sein musste. Und die
Kontakte zueinander waren dann auch wieder wie eh und je.

# Danzig, Hindenburg, Kattowitz und Auschwitz

**E**ine besondere Verbindung zu Danzig ergab sich meiner-
seits unter anderem auch dadurch, dass 1980 meine gerade erst sechsjährige Tochter den Pokal für die jüngste Teil-
nehmerin des dort stattgefundenen internationalen Eiskunstlauf-
Wettbewerbs in Empfang nehmen konnte und anschließend von
polnischen Gastgebereltern zum Besuch eingeladen wurde. Das war
dann auch der Auslöser dazu, weshalb ich mich in dieser Zeit besonders darum bemühte, etwas mehr über meine Herkunft, den Ort meiner Geburt und die Menschen, die dort lebten, zu erfahren. Und so
auch über das kleinbürgerliche Milieu in den ehemals östlichen deutschen Gebieten vor dem 2. Weltkrieg, die jetzt zu Polen gehören,
wie es Günter Grass in „seiner Blechtrommel" beschrieben hatte.

Obwohl schon 1959 erschienen, war es für mich bis in die 80er
Jahre unmöglich, dieses Buch im sogenannten „Leseland DDR" zu
kaufen oder auch nur lesen zu können. Das Buch war niemals ein
Thema im Schulunterricht der DDR, wie ich ihn erlebte und so natürlich auch nicht im Deutschunterricht in der Oberschule in Rudolstadt,
wo ich 1960 das Abitur machte. Auch war es anderswo in den Medi-
en der DDR nicht präsent, und zwar bis kurz vor der Wende. Erst
1984 wurde es hier zum Lesen „freigegeben". Zu erhalten, war es
aber nicht. Es war für mich unverständlich, warum das so war. Für
mich gab und gibt es eigentlich kein anderes Buch, dass so ur-
sprünglich und zeitnah deutsche Geschichte vor und nach dem 2.
Weltkrieg beschreibt, ein Zeitzeugendokument, das dabei auch noch

unterhaltsam ist. Erst später wurde mir klar, dass das in dem Buch unter anderem beschriebene Bild über das Leben der Menschen in den einstigen deutschen Ostgebieten, über die Rolle der dort in den Kriegsjahren angerückten und oftmals verwerflich agierenden russischen Soldaten, sowie über die nachgefolgten, meist aus der Arbeiterschicht stammenden polnischen Menschen, nicht in die DDR-Staats-ideologie von Roter Armee und proletarischem Internationalismus passte.

Vor der Wende, vor meiner Ausreise aus der ehemaligen DDR, hatte ich zusammen mit meiner Tochter und meiner Nichte nach einem Prag-Besuch das in Nordböhmen gelegene Durchgangslager, das Ghetto-KZ Theresienstadt, besucht. Von hier aus wurden zig Tausende Juden in die Vernichtungslager Treblinka, Majdanek und Auschwitz deportiert. Und nur wenige Wochen später folgte mit meiner Tochter - wie in [1] beschrieben - der Auschwitz-Besuch, angetrieben durch die Fragestelllung, ob mir das später, nach erfolgter Ausreise, auch noch möglich wäre. Ich betrachtete das als meine persönliche Art der Aufarbeitung eines grausamen Abschnitts unserer Geschichte. Ich wollte das möglichst unmittelbar, möglichst unverfälscht und ohne mediale Verzerrungen selbst sehen und erleben. Und das trotz der Problematik, meine gerade erst 12-jährige Tochter damit zu konfrontieren.

So kam es nicht von ungefähr, dass ich die Einladung von polnischen „Eislaufeltern" annahm, und so kurzerhand mit meiner Tochter meine oberschlesische Heimat besuchte.

Die polnische Gastgeber-Familie hatte einen kleinen Bauernhof, verhielt sich zu uns wie zu Freunden. Das, was uns an Problemen aufgrund einstiger deutsch-polnischer Vergangenheit hätte entgegenstehen können, hatten sie längst aufgearbeitet. Das erst 1929 errichtete Schlesische Museum, das Symbol der Woiwodschaft Schlesien, konnten wir bei unserem Besuch in Kattowitz leider nicht mehr sehen, denn es wurde 1939 durch Deutsche dem Erdboden gleichgemacht. Einzelne, wenige Teile davon, konnten aber glücklicherweise später nach dem benachbarten Beuthen, dem Geburtsort meiner Eltern, verlegt werden.

Zusammen erlebten wir, meine Tochter und ich, in diesen Tagen auch, wie sich Bergarbeiter, die der Solidarnosc-Bewegung angehörten, an den Werktoren der Kohle-Zechen versammelten, um, wie auch andernorts, für ein freies Polen zu demonstrieren. Abends erleben wir aber bei unseren Gastgebereltern im Fernsehen der DDR zusammen mit den polnischen Gastgeber-Nachbarn ein total anderes Bild und eine völlig andere, ja gegensätzliche Berichterstattung von diesen Ereignissen in Kattowitz. Da ist von antisozialistischen Rebellen, sogenannten subversiven Elementen und feindlich gesinnten „Horden" die Rede, nicht von verdienstvollen Arbeitern, die sie waren und wie wir sie erlebten.

Tags darauf besuchen wir das nahegelegene Auschwitz, lesen am Lagereingang ebenso wie in Theresienstadt die großgedruckten Worte „Arbeit macht frei" und sehen die Gaskammern, wo 1,5 Millionen Menschen, Juden, Polen, Andersdenkende, Menschen verschiedener Nationalität umgebracht worden sind. Es sind bleibende

Bilder in meinem Gedächtnis, etwas, was ich nie vergessen werde. Und das gleiche Empfinden auch bei meiner, mich begleitenden Tochter.

Später erst erfahre ich von der Doppelrolle der DDR, die NS-Verbrechern Unterschlupf gewährte, wenn diese nur für sie entsprechend „arbeiteten".

# Hintergründe und Israel

**B**ei meinem heutigen Laufen muss ich daran denken. Tief in meinem Inneren hatte sich all das eingegraben, was ich hier in meiner polnischen „Ursprungsheimat" in wenigen Stunden und Tagen wahrgenommen hatte.

Mit diesem Hintergrund in meinem Bewusstsein las ich das vieldiskutierte epische Gedicht „Was gesagt werden muss" unmittelbar nach seinem Erscheinen.

Ich erinnere mich an die Worte des israelischen Präsidenten Peres anlässlich seines 89. Geburtstages in den Augusttagen 2012: „Mein Wunsch ist immer wieder, dass es Frieden geben möge für die Kinder Israels". Und ich muss hinzufügen: Das Gleiche habe ich empfunden, als ich Auschwitz besuchte. Dazu noch Demut und Respekt.

Ich glaube, dass Günter Grass wohl auch in Kenntnis der Worte von Peres und vor allem wohl auch vor dem Hintergrund des Holocaust sein Gedicht geschrieben hat, und so natürlich auch seinen Respekt gegenüber den normalen israelischen Menschen ausdrükken wollte, gegenüber Menschen wie du und ich. Denn sowohl die Menschen in Israel als auch im Iran wollen gleichsam im Frieden leben. Grass´ Dem international besorgt beobachteten Atom-Programm des Irans steht Israels Drohung vom Atomschlag gegen dieses gegenüber. Grass´ Sorge ist ähnlich jener von vielen anderen, dass die Regierungen in beiden Ländern ihre Macht missbrauchen könnten.

Denn die Regierenden in Israel hatten häufig erklärt, dass sie im Interesse ihrer Sicherheit einen Militärschlag gegen den Iran ausführen werden.

Dieser - Berichten der Zeitung Times of Israel" vom 24. August 2012 zufolge - durch den israelischen Ministerpräsidenten Netanjahu angekündigte Militärschlag gegen das iranische Atomprogramm, der noch vor der US-Präsidentenwahl sein sollte, fand glücklicherweise nicht statt. Die Drohung besteht aber und ist weiterhin ernst zu nehmen, damit den Worten nicht Taten folgen.

Die mit dem neuen Präsidenten des Irans Ruhani, der im Gegensatz zu seinem Vorgänger den Holocaust nicht leugnet, eingetretene größere Offenheit des Irans bezüglich seines Atomprogramms ist ganz sicher ein erster richtiger Schritt zu diesbezüglicher Entspannung. Nichtdestotrotz: Die entgegen dem Osloer Friedensprozess erfolgte völkerrechtlich umstrittene Siedlungspolitik Israels gegen Palästina im Westjordanland und in Ost-Jerusalem scheint mir zudem gefährlich für diese Region zu sein.

Günter Grass weiß um seine Verantwortung. Das Gedicht von ihm, der oft polarisierend und kantig wirkt, ist ohne Polemik und politische Spitzfindigkeit, sehr direkt und wird so von den meisten Menschen auch richtig verstanden. Es ist nicht die oftmals verschlüsselte Sprache eines Politikers, sondern seine Sprache, kurz, knapp und unverblümt.

Anlässlich der 2012 stattgefundenen Frankfurter Buchmesse sprach ich mit einem jüdischen Schriftsteller nach dessen Buchlesung über diese Problematik, und er wies daraufhin, dass er in gleicher oder ähnlicher Weise wie Günter Grass besorgt war und immer noch ist und dass er auch in bewusster Verantwortung die derzeitige israelische Regierung kritisiere, gerade weil er vor allem Jude ist und auch kein Antisemit.

Avi Primor, von 1993-1999 israelischer Botschafter in Deutschland, gab ihm in einer Talkshow des ZDF des vergangenen Jahres auch teilweise recht. Sein Kommentar: „Die Deutschen seien oftmals befangen, wenn es um Israel geht. Dies halte er für überholt und er fügte weiter hinzu: Ich glaube, dass wir heute gute Freunde sind, und gute Freunde sollten offen und ehrlich miteinander sprechen - auch wenn es um Kritik geht".

Ich glaube, Günter Grass hat mit seinem Gedicht „Was gesagt werden muss" auch gar nichts anderes gewollt. Ich empfand das Gedicht bei seinem Erscheinen wie einen Hilferuf, seinen Hilferuf, eine Mahnung, nicht die gleichen Fehler zu machen, wie das seinerzeit die Amerikaner im Irak taten. Denn es geht dabei nicht in erster Linie um einen Konflikt Iran-Israel, sondern es geht vielmehr um die Hegemonie in der Golf-Region mit mehr als der Hälfte der Erdölvorkommen unseres Erdballs, um die Auseinandersetzung zwischen schiitischen Hisbollahs, die für die Verwirklichung eines islamischen Staates als Gemeinschaft aller gläubigen Muslime stehen, wo ein jüdisches Israel keinen Platz hat und das sunnitische, von den USA unterstützte Saudi-Arabien. Vergleichsweise dazu scheint die Sorge um eine eventuelle Entwicklung von Atomwaffen im Iran deutlich geringer zu sein. Sollten diese Waffen aber in die Hände internationaler terroristischer Organisationen, wie etwa der al-Qaida-Organisation, gelangen, wäre tatsächlich die internationale Bedrohung für den Weltfrieden unausbleiblich. - Nach israelischer Auffassung ist der Unterschied zwischen diesen und den Hisbollahs gering, was auch zum großen Teil die Sorge Israels begründet.

Deshalb scheint der in letzter Zeit mit dem neuen iranischen Präsidenten beschrittene Weg für alle Beteiligte nur nützlich zu sein.

Ich glaube, der Vorschlag der Vereinten Nationen nach Errichtung einer atomwaffenfreien Zone in dieser Region ist ein Traum, scheint mir momentan ebenso wenig realistisch zu sein wie der Traum selbst.

Und leider hat auch bis heute Israel, ebenso wie Nordkorea, Indien und Pakistan, den bereits 1979 in Kraft getretenen Atomsperrvertrag nicht unterzeichnet.

Der Weg der kleinen Schritte, Differenzen über politische Verständigung und Zusammenarbeit zu beseitigen, wobei die internationale Gemeinschaft darauf hinarbeiten und helfen sollte, in diesen Ländern die Demokratie mit einem friedlichen Nebeneinander zu entwickeln, scheint mir deshalb der einzige reale gangbare hoffnungsvolle Weg in der Gegenwart und Zukunft zu sein.

Das Thema Israel beschäftigt mich nicht erst seit diesen Tagen. Es beschäftigt mich - wie man so schön im Volksmund sagt – von „Kindesbeinen" an. Ich fragte mich da oft, als Messdiener oder im Religionsunterricht, wenn es im Gottesdienst um die Auslegung des Neuen und Alten Testaments ging, und vor allem, wenn es auch um Israel, um das auserwählte Volk und das gelobte Land ging. Warum sollte das so von Gott gewollt sein? Und wie ist das zu verstehen, wo doch vor Gott alle Menschen gleich sein sollen?

Die Antwort dazu wurde von Gott Jehova gegeben, als er sich Moses am Berge Sinai, offenbarte, was in der Thora (Exodus 19:3-6) niedergeschrieben ist [14] und was bildhaft oft mit dem brennenden Dornbusch [15] wiedergegeben wird:

Moses Ging zu Gott auf dem Berg hoch, und Gott sprach:

*„Sag dem Haus Jakob und den Kindern von Israel: Ihr habt gesehen, was ich den Ägyptern angetan habe, dass ich euch auf Adlerflügeln getragen habe und euch zu mir gebracht habe. Und nun, wenn ihr gut auf mich hört und meinen Bund haltet, dann werdet ihr mein liebstes Volk sein, denn mir gehört die ganze Welt. Ihr sollt ein Königreich der Priester und ein heiliges Volk sein. Sagt diese Worte den Kindern Israels."*

Diese priesterliche Funktion, die Gott demzufolge den Juden übertrug, soll letztlich Gott näher zur Welt und die Welt näher zu Gott bringen.

Die Thora ist nicht nur so etwas wie ein Verhaltenskodex für die Juden, sondern sie stellt vielmehr so etwas wie ein Gesetzeswerk zur Religion des rabbinischen Judentums dar. Sie war das damals und ist es ebenso auch heute. Neben den 10 Geboten, die Gott am Berge Sinai dem jüdischen Volk gegeben hat, sind die Vorschriften des jüdischen Glaubens, die 613 Mizwots, die 365 Verbote und die 248 Gebote, Bestandteile dieser Thora. Sie ist das, wonach jeder fromme Jude sein Leben im Bunde mit Gott ausrichten muss.

Daneben beschreibt die Thora natürlich vor allem die jüdische Schöpfungsgeschichte, den Auszug der 700.000 Israelis aus Ägypten, nachdem sie dort in eine Art Sklaverei geraten waren, angeführt durch den von Gott dazu berufenen Moses, bis sie schließlich nach 40 Jahren ihr gelobtes heiliges Land erreichen.

Nach dem 1. Buch Moses stammt dieses Volk von den zwölf Söhnen Jacobs ab und lebte 400 Jahre in Ägypten. Und die priesterliche Funktion für dieses Volk beinhaltet, das Licht dieser Thora zu verbreiten, es zu verbreiten als ein Licht für die Welt, so wie es der Prophet Essias ausdrückte.

In diesem Glauben, als einziges Volk mit dieser priesterlichen Funktion auserwählt und so für das Glück der Menschheit auf dieser Welt verantwortlich zu sein, besteht wohl auch die Problematik des jüdischen Glaubens und damit auch die Problematik für viele im Umgang mit den jüdischen Menschen.

Mich erinnert das leider an mein Erleben doktrinärer Verkündigungen und Praktiken in der früheren DDR. Etwa: „Die Arbeiterklasse - geführt von der marxistisch-leninistischen Partei, ist die einzige Kraft, um eine friedliche Welt ohne Ausbeutung herbeizuführen. Und sie ist dazu berufen. - Wie wir aber wissen, war dieses Modell einer besseren Welt, in der es keine persönliche individuelle Freiheit und damit auch keinen Respekt vor der Menschenwürde jedes Einzelnen gab, eine reine Utopie, eine Farce und vor allem aber auch gefährlich.

Ich glaube vielmehr, dass wir mehr Wissen sollten über fremde Völker und Kulturen, speziell auch über die verschiedenen Religionen in unserer Welt, vor allem deshalb, um mehr Verständnis und das richtige Maß an Toleranz dafür zu haben.

Im Gegensatz zum Christentum und Islam gibt es im Judentum wie auch im Buddhismus keine aktive Missionierung. Und ich finde, das ist gut so. Letzterer, der mich seit meinem Aufenthalt in China und Tibet sehr beschäftigte, ist an eine enge Sozialstruktur gebunden. Den achtfachen Pfad zu gehen, bedeutet das Nirvana erreichen zu wollen, d. h. eine Erleuchtung frei von jeglichem Leid.

Wie der Buddhismus hat das Judentum eine große kulturpolitische Bedeutung. Das ist auch der Grund, weshalb ich mich seit meinem Besuch im „Reich der Mitte" intensiv damit und mit fremden Kulturen ganz allgemein beschäftige. Und ich habe den Eindruck, dass es immer mehr Menschen gibt, die es mir gleichtun.

Gegenseitiges Verständnis, Abgrenzung voneinander, aber auch Toleranz füreinander sind da gefragt. Ich glaube, dass in Deutschland noch nie die Basis dafür derart positiv war wie das heute der Fall ist.

Anlässlich des 250. Todestags von Georg Friedrich Händel besuchte ich dessen Geburtsstadt Halle und die dortige nach der Wende umfassend renovierte Marktkirche „Unser Lieben Frauen". Ein besonderer Höhepunkt war natürlich da für mich das Gedächtniskonzert mit dem English Concert und dem Händel-Festspielorchester Halle unter Leitung von Howard Arman.

Für mich immer wieder faszinierend: Händel verstand es, in diesem Oratorium mit drei Chören „Israel in Egypt" [16] musikalisch mehr auszudrücken als das Worte je vermögen können.

*Marktkirche in Halle, zu Händels 250. Todestag*
*mit dem Oratorium „Israel in Ägypten"*

Die Händel-Festveranstaltung hatte mit den vielen in- und ausländischen Besuchern, einschließlich der Orchester und des Dirigats, eine Form, wie sie vor der Wende wohl kaum möglich gewesen wäre.

Ich erinnere mich an den außerordentlich dramatischen Beginn des Oratoriums mit Chor, wo die Historie getreu wiedergegeben wurde und vor allem ein Fakt ausgedrückt werden sollte: Nach dem Tode Josephs war die Angst der in Ägypten lebenden Israeliten vor möglicherweise überkommenden Plagen als Folge der durch den neuen Pharao angewiesenen Tötung der Erstgeburten sehr verbreitet: „He smote all the firstborn" [18]. In Korrespondenz damit konnte man die strengen Akkorde und die jüdischen Gesänge der Chöre im Hintergrund empfinden. Es schien, als höre man da Hilfeschreie, so, als ob ein Ringen mit und um den Tod stattfinden würde. Es sind Eindrücke, die mich an meinen Besuch in Auschwitz mahnend erinnern, und sie scheinen so wachgerufen worden zu sein.

Gott schickte Moses nach Ägypten, um sein Volk, das kleinste Volk, aus dieser Knechtschaft herauszuführen. Moses wusste, was Freiheit ist. Sein Wissen darüber und sein Auftrag, das israelische Volk aus dieser Sklaverei herauszuführen, war für viele so etwas wie eine revolutionäre Idee, der man aber auch mit Misstrauen begegnen musste, weil man Moses nicht verstehen konnte.

Auch heute begegnen wir Ähnliches bei vielen Menschen. Eine Art von Ambivalenz: Einerseits frei zu sein mit der Freude auf Neues, anderseits aber vertrauend dem Gewohnten mit Angst vor neuen Unbekannten.

Im zweiten Teil des Oratoriums kann man die Paukenwirbel hören, kann nachempfinden, wie Durchgang der Israelis durch das von Gott ausgetrocknete geteilte Meer erfolgt, wie dieses Meer dabei von seinen Wassermassen wieder geschlossen und wie damit der feindlichen Verfolgung ein Ende bereitet wird. - Danach, am Ende des Oratoriums, steht in Anlehnung an die göttliche Errettung der Lobgesang "Moses and the children of Israel sung this song unto the Lord" [19], mit einem Wechsel zwischen Chor und Orchester, einem Wechsel von monumentalen Klängen und triumphalen Fugen:

Da sang Mose und die Kinder Israels dies Lied dem Herrn und sprachen:

*„Ich will dem Herrn singen, denn er hat eine herrliche Tat getan; Ross und Mann hat er ins Meer gestürzt." [20].*

*Und: „Denn Pharao hinein ins Meer mit Rossen und Wagen und Reitern; und der Herr ließ das Meer wieder über sie fallen.*

*Aber die Kinder Israels gingen trocken mitten durchs Meer" [21].*

*Und weiter heißt es: "Der Herr ist meine Stärke und Lobgesang und ist mein Heil. Das ist mein Gott, ich will ihn preisen; er ist meines Vaters Gott, ich will ihn erheben" [22].*

Nach dem Alten Testament ging das israelische Volk bei dieser Befreiung von Knechtschaft und Sklaverei nicht den kürzesten Weg von Ägypten durch das Land der Philister nach Kanaan, sondern es machte einen Umweg in Richtung Rotes Meer, den Weg durch die Wüste Sinai zum Schilfmeer. Nach dem Neuen Testament sollte so eine Befreiung der Kinder Israels sowohl von der Knechtschaft als auch aus dem alten Leben der Sünde erreicht werden, und zwar hin zur Gemeinschaft mit Gott und seinem Sohn.

400 Jahre dauerte die Knechtschaft Israels in Ägypten, 100 Jahre Sklaverei sollten es dabei außerdem gewesen sein. Der Auszug ins gelobte Land dauerte aber nicht 40 Tage, wie zunächst vorgesehen, sondern 40 Jahre. Nach dem Willen Gottes musste man in der Wild-

*Moses erhält von Gott Jehova am brennenden Dorn-*
*busch den Auftrag zum Auszug aus Ägypten [17]*

nis erst lernen, wie man mit den späteren Herausforderungen in diesem neuen Land fertig wird.

Für unser Geschichtsverständnis sind diese Berichte über die Israelis in Ägypten und ihren Auszug aus diesem Land, was nach dem jüdischen Kalender vor mehr als 3300 Jahren gewesen sein soll, von unschätzbarem Wert. Denn sie können rückblickend sehr hilfreich sein, auch bei unseren derzeitigen Entscheidungsfindungen zu Fragen in Deutschland, im Euro-Raum und darüber hinaus. Und wir lernen auch, dass Schnelligkeit dabei nicht immer mit Richtigkeit konform geht.

So müssen wir leider heute auch feststellen, dass in der Wendezeit sicherlich auch viele Entscheidungen zu schnell getroffen wurden. Auch wir waren da in Deutschland in einer Art Lernprozess, ähnlich dem der Israelis in der Wildnis. Wir hatten in Deutschland einen Umgestaltungsprozess von noch nie dagewesenem Ausmaß. Und auch der war länger als erwartet und dauert immer noch an. Aus den Erfahrungen lernend, sollten wir uns deshalb allen „Unkenrufen zum Trotz" auch bei den Umgestaltungen im Euro-Raum mehr Zeit lassen, mehr Zeit vor allem für die Einarbeitung demokratischer Verantwortung.

Für deren Entwicklung bemühte man sich in Deutschland immerhin seit der Aufklärung, das heißt seit mehreren 100 Jahren. Mir scheint aber, dass man in der gegenwärtigen Politik von der dabei notwendigen Solidität leider weit entfernt ist. Ich empfinde, man verhält sich bei vielen Entscheidungen, etwa zu Euro-Rettungsschirm und Fiskalpakt so, als gäbe es die mündigen Menschen im Euro-Raum und vor allem in Deutschland gar nicht, Menschen, die letztlich dafür gerade stehen müssen. Mir ist es oft so, als werden sie oft weitgehend ignoriert, ebenso wie die Menschen in den Krisenländern Südeuropas, wie auch deren Demonstrationen und Proteste zu Zehn- und Hunderttausenden.

Mir scheint es oft so, als hätte man da bisher doch zu wenig gelernt, sei es aus der älteren Historie „Israel in Ägypten" oder sei es aus der neueren deutschen Vergangenheit mit „Wir sind ein Volk".

# Meine Berliner Lesung „Von Mauern geprägt"

Vor der Wende träumte ich, wie wohl fast alle Menschen in der ehemaligen DDR, von einem Leben in Freiheit und ohne Bevormundung. Und viele verstanden darunter Redefreiheit und vor allem auch Reisefreiheit, nicht nur in die sogenannten befreundeten östlichen Länder, wohin das oftmals noch recht schwierig, aber in vielen Fällen doch möglich war, sondern überall hin, Reisefreiheit weltweit. Für mich persönlich war es nicht so wichtig, an Feiertagen, wie Ostern, Pfingsten oder Weihnachten, Bananen, Apfelsinen oder Radeberger Pilsner, zwar rationiert, aber immerhin kaufen zu können, vielleicht auch das langersehnte Auto schneller zu bekommen. Nein - für mich, wie für viele andere meines Bekanntenkreises - war wichtig, ein Leben führen zu können, das nicht eingemauert, nicht bevormundet und nicht durch vorgegebene Dogmen bestimmt war, sondern ein Leben mit persönlicher Entscheidungsfreiheit, basierend auf Menschenwürde und respektvollem Umgang miteinander.

Bei einem Stadtbummel durch Berlin mit Freunden vor der Wende war für uns die Mauer häufiger gegenwärtig als es uns lieb war. Wir sahen mit etwas Abstand auch die Bernauer Straße, wo die Eingänge und Fenster von Häusern, die zum Westteil der Stadt zeigten, zugemauert waren. Hier wurde auch 1985 durch das DDR-Regime die etwa 100 Jahre alte Versöhnungskirche weggesprengt, die als Zeichen der Versöhnung der Menschen galt. Sie musste Mauer und

Todesstreifen weichen. Trennung, statt Versöhnung und Miteinander, Abschattung und Schießbefehl, statt Freiheit und Menschlichkeit, waren die realen Tugenden eines Staates, der wohl wie kaum ein anderer in Europa seine Rechtmäßigkeit und Friedfertigkeit bei allen möglichen Anlässen betonte.

Von dieser Versöhnungskirche erhielt ich vor einiger Zeit auf meine Bitte hin durch die Polizeihistorischen Sammlung Berlin eine bildliche Dokumentation. Nur wenige Monate später, im November 2011, folgte von dort dann die Einladung zur Lesung meines Buchs „Von Mauern geprägt" anlässlich der in ihren Gemäuern im November 2011 erfolgten Plakatausstellung „Die heile Welt der Diktatur? Herrschaft und Alltag in der DDR" [3]. Für mich war diese Lesung, mit der die Ausstellung eröffnet wurde, besonders nachhaltig, waren dabei doch verschiedene Menschen anwesend, die während des Mauerfalls an verantwortlicher Stelle wirkten, etwa der damalige Polizeipräsident von Berlin (West).

Ein Leser [23] „Von Mauern geprägt", mit dem ich einst zu den sonntäglichen Gottesdiensten in meinem Heimatort, in Schwarza, in der schönen alten Dorfkirche zunächst die Glocken läutete und danach dort mit ihm zusammen ministrierte und der nun aber schon seit mehr als 50 Jahren in Rom lebt, schrieb mir dazu: „Kann ein Mensch glücklich und zufrieden sein, wenn ihm eine zufriedenstellende Ausbildung ermöglicht wird, ihm ein Berufsleben für sich und seine Kinder gewährt wird, das ihm eine materielle Basis für ein zufriedenstellendes, sicheres Wohlleben gewährt, ihm erlaubt ein soziales Freundesnetz zu entwickeln und zu reisen. - Der Mensch soll dann gefälligst froh sein, dass er im irdischen sozialistischen Paradies angekommen ist. Wozu braucht der Mensch noch etwas Anderes? Kann der Mensch sich nicht mit einem goldenen Käfig zufrieden geben? Wie weit muss der „Käfig" ausgelegt sein, dass er einen Auslauf ermöglicht, der ihm den Eindruck ausreichender Freiheit vermittelt?"

Und weiter: „Ich würde es fast vergleichen mit einem modernen Hündchen, das im Haushalt des Hausherrn lebt und von ihm mit allem Komfort versorgt und betreut wird. Jeden Tag geht er mit ihm in den Park zum Auslauf (auf Gassi), wo er Hundekameraden oder - Kameradinnen trifft, mit ihnen spielt und seine Notdurft macht, vielleicht meist an der Leine des Hausherrn, oft aber auch im Freilauf unter den wachsamen Augen der Kontrolle des Hausherrn. Warum soll da ein Hündchen das Begehren haben, woanders hinzugehen? Es hat doch alles, es sitzt doch sozusagen im gemachten Nest des irdischen Paradieses, warum soll es da fremd gehen, dieses „Hündchen Mensch"? Mehr Freiheit braucht es doch nicht ...oder doch? Oder braucht es auch noch ein bisschen mehr als nur Freiheit von allen möglichen „Käfig"-Schranken?

Und er schreibt weiter: Eure Lebens- und Arbeitssituation in der DDR könnte als ein Paradebeispiel dafür dienen, westlichen Lesern zu erklären, warum ein „volles Mensch-Sein" sich nicht in einem komfortablen „menschlichen Hündchen-Dasein" erschöpfen kann und dieses über die Zeit für einen bewussten Menschen unerträglich wird."

Die Plakatausstellung, mit Bildern des Hamburger Fotografen und ehemaligen Korrespondenten des Sterns in der DDR Harald Schmidt nach dem Text des Hallenser Historikers Stefan Wolle [3], zeigte aber auch andere Seiten des DDR-Alltags, vor allem in den 70er und 80er Jahren. Sie beschrieb in widersprüchlichen Bildern die Ambivalenz von Kleingartenidylle und Plattenbausiedlung, von Kultur-, Bildungs-, Sportangeboten und Unterdrückung jeglicher menschlicher Freiheit. Ergänzend und recht informativ dazu das vom Verlag für Wirtschaft Berlin 1954 gedruckte Taschenbuch „250 Fragen, 250 Antworten über die Deutsche Demokratische Republik" [24], wobei auch das Staatswesen DDR dokumentiert wird, die Arbeiter- und Aktivistenbewegung, der sozialistische Wettbewerb, der Handel und die Versorgung, das Warenangebot, der Arbeitsverdienst und die Preise, das Schulwesen, Mutter und Kind. Darüber hinaus die Lage der Bauern, Handwerker, ehemaligen Umsiedler und Rentner in den vorausgegangenen 50er Jahren.

Details werden ausführlich wiedergegeben und sind so nachzulesen: Die monatliche Miete für eine 3-Zimmer-Wohnung incl. Wasser und Heizung betrug etwa 10 % des monatlichen Arbeitsverdiensts eines Arbeiters. Die Kosten für ein gewöhnliches Radio entsprachen in etwa dem Arbeitslohn von einem Monat eines Arbeiters und die Kosten eines Fernsehgerätes in den späteren Jahren überstiegen diesen monatlichen Arbeitslohn um ein Vielfaches. Mangelwirtschaft war dominant. Technische Erzeugnisse waren bekanntermaßen nur schwer erhältlich und nur schwer bezahlbar. Menschliche Arbeitskraft dagegen war billig, Konkurrenz als Stimulator für technischen Fortschritt war ein Fremdwort.

Die von den Potentaten des SED-Machtapparats zwar propagierte, aber kaum verstandene und verbreitete These Lenins, dass dasjenige Gesellschaftssystem in der weltweiten Auseinandersetzung sich durchsetzen wird, das den ökonomischen Sieg davonträgt, wurde Realität. Es war klar, dass die bestehende sozialistische Gesellschaftsordnung in der DDR ohne wesentlichen technischen Fortschritt, ohne eine effiziente Wirtschaft, mit immer mehr verfallener Immobilien- und Wohnsubstanz, vor allem mit einer von der Partei bestimmten fehlgeleiteten Kaderpolitik, den Wettlauf der Systeme nicht standhalten konnte. Der von der Partei propagierte Sieg des Sozialismus war eine reine Utopie, eine Farce.

Natürlich gab es scheinbar keine Arbeitslosen, keine Hungersnöte, keine Menschen, die auf der Straße dahinvegetieren mussten. Es gab kulturelle Angebote, wie etwa die preiswerten Theater- und Konzertanrechte von Betrieben oder die Veranstaltungen der Sportvereine, die finanziell vom Staat weitgehend unterstützt worden, ebenso wie die Krankenkassen, die Medikamente, Krankenhausaufenthalte. Das Gesundheitssystem in der DDR galt als recht ordentlich. Fakt ist aber auch, dass in den Krankenhäusern jegliche modernen medizinischen Geräte nicht vorhanden waren oder das Geld für ihre Reparaturen, falls es sich um westliche Importe handelte, ganz einfach fehlte. Gleiches galt für spezielle Medikamente oder Operationen. Langfristig fehlte im System DDR für all das die wirtschaftliche Grundlage. Die sorglose Idylle war nur scheinbar und ohne Überlebenschance. Sie war in ihrer Substanz irreal.

Bei diesem Rückblick wird offenbart, in welch hohem Maße heute von vielen Menschen einerseits DDR-Geschichte verklärt empfunden wird, anderseits - vor allem bei der jüngeren Generation - kaum oder erschreckend wenig Kenntnis darüber besteht. Nachhaltig für mich auch vor allem bei dieser meiner Berliner Lesung die spannende Diskussion mit dem Polizeipräsidenten von Berlin zur Zeit des Mauerfalls, über die damaligen passiven Rolle der Führung der katholischen Kirche in der Wendezeit. Seine Erfahrungen in Berlin waren die gleichen wie die meinigen in Dresden oder Leipzig. Diese Rolle war völlig gegensätzlich zu jener der protestantischen Führung oder zu den Bemühungen der „kleinen Leute", bei ihren Friedensgebeten, ausgehend von der Nikolai-Kirche in Leipzig und bei den folgenden Montagsdemonstrationen im ganzen Land, in Rostock, Dresden, Plauen, Chemnitz. Da gab es zur Beendigung der SED-Herrschaft und Abkehr vom Sozialismus keine Alternative.

# *Mauerfall und Deutsche Einheit*

**45** Jahre nach dem 2. Weltkrieg bestand jetzt nach dem Mauerfall, erstmals die reale Möglichkeit für die Errichtung eines geeinten demokratischen Deutschlands. Bei den Gesprächen mit ehemaligen Kollegen während meiner Besuche nach der Wende in Dresden, Berlin und Leipzig bestand einhellig die Meinung, dass der eingeschlagene Weg der einzige richtige Weg sei, ebenso auch die Einführung der einheitlichen Währung DM.

Ich persönlich hatte den Eindruck, dass es vor allem bei der „Abwicklung" verschiedener Betriebe im Osten Deutschlands, vor allem solcher, die gerade nach neuesten Gesichtspunkten gebaut worden sind oder sich in der Endphase ihres Aufbaus befanden, viel zu schnell vor sich ging. Einen davon hatte ich persönlich in Augenschein genommen. Er war gerade fertiggestellt worden und lag in unmittelbarer Nähe meines langjährigen Wohnsitzes in Dresden- Seidnitz. Er war ein moderner, mit Klimatisierung und Cleanroom-Technologie ausgestatteter Betrieb, ein Vorzeige-Objekt, wie es nicht viele von dieser Art dort gab. Und er war aber leider auch nicht der einzige, der so abgewickelt wurde.

Mir schien, in Eile wurden neue Tatsachen geschaffen. Profitinteressen weitab von wirklicher Demokratie hatten da Vorrang. Entscheidungsfindungen unter Einbeziehung der Bürger, fehlten.

Parallelen zur Europäischen Gemeinschaft, zu übereilt für sie getroffenen Entscheidungen, wie etwa der übereilten Einführung der gemeinsamen Währung Euro, ohne den dafür nötigen strukturellen Hintergrund, tun sich da auf.

Es gab in der DDR - wie auch in der genannten Plakatausstellung zum Ausdruck gebracht - so etwas wie eine „heile Welt", wohin sich viele DDR-Bürger zurückziehen konnten und mussten. Sie machte das oft komplizierte, schwierige Leben vieler Menschen oft angenehmer.

Um miserable Situationen zu überwinden, unterstützte man sich häufig einander. In den Neubaugebieten vielerorts und meistens in unmittelbarer Nähe zur jeweiligen Wohnung baute man gemeinsam im Rahmen von Garagengemeinschaften ganze Garagenkomplexe, wenn auch oft nur mühevoll „Stein auf Stein",  half sich später dort beim Reparieren der Autos oder beim Besorgen von Ersatzteilen. Gemeinsam suchte man immer wieder nach neuen Lösungen. Man wurde oft erfinderisch, meist aus der Not heraus geboren. Es trafen sich so Autoschlosser und Physiker, Ärzte und Maurer. Nicht zuletzt auch zu einem Bierchen nach erfolgreichem Tun. Das schuf Vertrauen, schmiedete zusammen. Dinge, die mit der Wende etwas verloren gingen, die man heute kaum oder gar nicht mehr kennt. Ich selbst habe auf diese Weise mindestens viermal Motor und Kupplung bei meinem Wartburg gewechselt. Meistens unmittelbar im Garagenkomplex, innerhalb meiner Garage oder auf einer der beiden dortigen Fahrzeugrampen. Man hatte da seine Ansprechpartner, und das war eigentlich recht einfach und unkompliziert.

Ähnliche Situationen gab es auch in den Betrieben oder Forschungsinstituten. Die meisten meiner Bekannten, die flexibel und kommunikativ waren, auch keine Mühe scheuten, hatten später, in der veränderten Welt nach der Wende, kaum oder keine Probleme, weder zu Hause, noch bei der Arbeit, wo auch immer anderswo.

Günther Grass hatte sich unmittelbar nach dem Mauerfall bei seinen Gesprächen, Lesungen und Wahldiskussionen, wie in seinem Tagebuch „Unterwegs von Deutschland nach Deutschland" [25, 26] aufgezeichnet, gegen diese Form der Wiedervereinigung Deutschlands gewandt. Seine Vorstellung von einer deutschen Konföderation wurde aber nicht von allen Menschen, die in der ehemaligen DDR lebten, geteilt. Auch nicht, wie er glaubte, von den Bürgerrechtlern, denen ich mich angerhörig fühlte. Viele von ihnen hatten mit der Abschaffung von SED-Parteienstaat und sozialistischer Planwirtschaft zunächst einen Sozialstaat mit modifizierter Marktwirtschaft im Sinn. Er sollte auf Freiheit und Gerechtigkeit beruhen und dabei das Ökologiebewusstsein der Menschen einbeziehen. Mehr und mehr wuchs aber da die Erkenntnis, dass dieser Staat sich nicht grundlegend von der bestehenden Bundesrepublik unterscheiden würde und dass die bestehenden Unterschiede nur unnötige Polarisierungen erzeugen würden. So auch Dieter Wellershof im „Votum für eine deutsche Wiedervereinigung" zum deutsch-deutschen Schriftstellertreffen im Februar 1990 in Berlin [27, 28].

Ähnlich auch die Auffassung von Martin Walser [29], für den keine unnötige Zeit verstreichen und keine Chance vergeben werden sollte, die nach dem 2. Weltkrieg durch eine misslungene Geschichte entstandene Grenze zu überwinden, d. h. die Teilung zu beseitigen und die staatliche Vereinigung ohne unnötige Verzögerung zu erreichen. Die optimale Realisierung der damit verbundenen Inhalte war meiner Meinung dabei das eigentliche Problem.

Bei meinen Besuchen unmittelbar nach dem Mauerfall in meinem früheren Institut in Dresden, aber auch bei den Besuchen dortiger Kollegen in Stuttgart, wurde ich oft danach gefragt, wie soll es weltergehen. Kann es vielleicht so etwas geben wie einen demokratischen Sozialismus und eine Zweistaatlichkeit?
Ich erinnere mich an den bekannten Aufruf prominenter Leipziger am 9. Oktober 1989, darunter der Gewandhauskapellmeister Kurt Masur und SED-Bezirkssekretäre, einen Aufruf zur Gewaltlosigkeit, der vor allem zum Ziel hatte, eine Eskalation bei der Montagsdemonstration zu verhindern. Dabei wurde gleichzeitig für einen Meinungsaustausch zur Weiterführung des Sozialismus, für einen demokratischen Sozialismus, plädiert, vorbei an den eigentlichen Forderungen der Demonstranten nach dem Ende der SED-Diktatur und nach Abkehr vom Sozialismus.
Ich konnte die Auffassung der „prominenten Leipziger Sechs" nicht teilen. Meine Auffassung dazu war 20 Jahre später, als ich anlässlich der Jubiläumsfeierlichkeiten in Leipzig weilte und nahe der Nikolai-Kirche den auf Tonträgern gespeicherten Aufruf von 1989 nochmals hörte, die gleiche wie damals: Es gab für mich keine Alternative zur

Beendigung der DDR-Diktatur und den verschiedenen Facetten ihres Überlebens, es gab nur den Weg hin zur Bildung eines deutschen demokratischen Staates mit sozialer Marktwirtschaft. Und so wurde das auch von mir bei meinen Gesprächen mit ehemaligen Kollegen vertreten.

In diesen Jahren bis heute, mehr als 20 Jahre später, musste ich bei meinen häufigen Besuchen in Thüringen und Sachsen feststellen, dass es da immer noch nicht gerade wenige Menschen gibt, die über die Machenschaften der SED-Diktatur nicht aufgeklärt waren. Und dieser Eindruck kam nicht von ungefähr. In Thüringen, in einem kleinen Ort unweit von Oberhof, hatten wir, meine Frau und ich, das Haus von der heute 90-jährigen Tante übernommen, hatten uns so natürlich nicht nur um die Pflege der Tante, sondern um vieles andere, was mit dem Haus zusammenhing, kümmern müssen. Persönlicher Kontakt zu den dortigen Nachbarn und den örtlichen Behörden gehörten natürlich auch dazu. Dadurch hatten wir, obwohl seit mehr als 20 Jahren in Stuttgart voll integriert und engagiert lebend, den Kontakt zu den einfachen Menschen vor Ort und den dortigen örtlichen Organen niemals verloren.

Der überwiegende Teil der Menschen in der DDR, jedenfalls gilt das ohne Einschränkung für meinen engeren Bekanntenkreis und meinen Freundeskreis, empfanden es wie ich: Mauerfall, Wende und Deutsche Einheit waren ein Geschenk für die Menschen in Deutschland. Zum ersten Mal konnten hier alle Bürger frei Entscheidungen treffen, wurden so erstmals wirklich kritikfähig. Es wurde das verwirklicht, worum man seit der Aufklärung gekämpft hatte: Nicht der

Mensch hat dem Kapital zu dienen, sondern es gilt vielmehr die Umkehrung, das Kapital hat dem Menschen zu dienen. Und das als Ausdruck von Menschenwürde und Freiheit.

Mit „Wir sind ein Volk" wurde die revolutionäre Freiheitstradition in Deutschland fortgesetzt, was in der Folgezeit bis heute in den Bürgerbewegungen um mehr Mitbestimmung, um mehr Bürgernähe bei Entscheidungen zu zentralen Fragen seinen Ausdruck findet. Der Beitrag der ehemaligen Ostdeutschen, der mit der friedlichen Revolution geleistet wurde, ist dominant, ist - wie ich meine - auch ein Geschenk an die ehemaligen Westdeutschen, ein bedeutender Beitrag zu unserem neuen Demokratieverständnis in Deutschland.

Und nur wenige Jahre später wurde die Basis dafür noch ergänzt durch die Entscheidung des Bundestages mit dem Grundrecht auf informelle Selbstbestimmung eines jeden Bürgers.

Inzwischen ist es für viele Westdeutsche selbstverständlich, Veranstaltungen im Gewandhaus und in der Thomaskirche in Leipzig, in der Semperoper und Frauenkirche in Dresden zu besuchen, einen Abstecher zur Wartburg nach Eisenach und in den Thüringer Wald zu machen, Urlaub an der Mecklenburgischen Seenplatte zu machen oder auch Urlaub auf Rügen und an der Ostseeküste, allein oder mit Freunden und Verwandten.

Ähnliches gilt für die Ostdeutschen. Die Alpen oder die Schwäbische Alb, Oberammergau oder München mit der Frauenkirche, Heidelberg mit dem Schloss oder Köln mit seinem Dom, Hamburg oder

Sylt, es sind Besuchsziele, von denen man vor der Wende nur träumen konnte.

Und es scheint auch, dass die Bezeichnungen Ostdeutsche und Westdeutsche kaum noch genannt werden, dass sie mehr und mehr aus unserem Sprachgebrauch verschwinden.

# Schiller, Rudolstadt mit Schulerinnerungen, Jena und „Die Sendung Moses"

Es ist ganz merkwürdig. Bei meinen Auslandsaufenthalten, vor allem in der ehemaligen Sowjetunion, hatte ich unter einem veränderten Blickwinkel und mit oftmals ergänzenden und auch andersartigen dortigen Informationen ein anderes, vielschichtiges Bild von meinem damaligen Zuhause, von der DDR, erhalten. Ein Bild, das ich ansonsten wohl kaum gehabt hätte, was sicher dem meiner Bekannten zu Hause dann auch mehr geähnelt hätte. Ein Teil dieses Bildes war durch Friedrich Schiller geprägt. Er war für mich in meiner Schul- und Studienzeit vor allem der Freiheitsdichter. Nun wurde er darüber hinaus für mich mehr und mehr auch so etwas wie eine Leitfigur.

Und nach der Wende, bei meinem Leben in dem neuen Umfeld Stuttgart wurde ich fast täglich in irgendeiner Weise mit dem Leben und Wirken dieses Dichters konfrontiert. Das schloss natürlich auch seine Geburtsstätte in dem Stuttgart nahegelegenen Marbach mit Schillerarchiv und Museum mit ein.

Meine regelmäßigen Fitness-Läufe, oft zusammen mit Kollegen des DLR und des Marathon-Teams, führten mich fast regelmäßig am ehemaligen herzoglichen Lustschloss Solitude vorbei, wo Herzog Karl Eugen auch die militärische Pflanzschule, die spätere Militärakademie, errichten ließ. Diese Stätte wurde kurze Zeit danach in

Stuttgart in einer Militärkaserne nahe dem Neuem Schloss unterge-
bracht. Bekannter wurde sie allerdings unter dem Namen Karlsschule. An ihr studierte Schiller von 1775-1780 zunächst das Recht und
dann die Ihn mehr interessierende Medizin. Mit Kunst, Geschichte
und Philosophie kam er da außerdem in Berührung.

Und der Name Karlsschule war mir natürlich ein Begriff, als ich das
Erstlingswerk von Schiller „Die Räuber" noch vor meinem Abitur las.
Nach Abschluss seines Medizinstudiums arbeitete der Dichter noch
kurze Zeit als Regimentsarzt in Stuttgart und wohnte dort im Stadt-
zentrum nahe Rathaus und Stadtverwaltung, in der Langen Gasse,
der heutigen Eberhardstraße. Hier kann man noch jetzt einen Teil
des Letzetor-Turmes der alten Stadtmauer sehen. Schillerplatz und
Schillerdenkmal am Alten Schloss erinnern auch an diese Zeit.

Mehr als früher sind mir heute die wichtigen Aufenthaltsstätten
Schillers in meiner heimatlichen Region Rudolstadt, Jena und Weimar bewusst. Viele davon sind in den letzten Jahren saniert, reno-
viert und rekonstruiert worden. Erst über den Umweg Stuttgart habe
ich deren Stellenwert in Schillers Leben richtig kennen- und schätzen gelernt.
Das in den Jahren 2005 bis 2009 neu rekonstruierte Schillerhaus
in Rudolstadt, das ehemalige Haus von Lengefeld und Beulwitz, wo
Schiller seine spätere Gemahlin Charlotte von Lengefeld kennenlern-
te, mit der er vier Kinder hatte, gehört natürlich dazu. Es ist am Fuße
der langgestreckten Berghöhe mit dem barocken Residenzschloss

Heidecksburg gelegen. Und in unmittelbarer Nähe dazu ist auch das Gymnasiums Fridericianum, das ich als Oberschüler besuchte.

In Rudolstadt begegnete Schiller auch Goethe, und hier war der Wendepunkt in seinem Leben. Bei einem Besuch der dortigen spätgotischen Stadtkirche St. Andreas soll ihm der Legende nach beim Lesen der Inschrift der durch den Blitz zerstörten Glocken

*„Süße Weise töne ich,*
*Freuden der Frommen singe ich*
*Dahingeschiedene beklage ich*
*Lebende rufe ich, Blitze breche ich"*

die Idee gekommen sein, das Lied von der Glocke zu schreiben. Aber ebenso ist bekannt [30], dass Schiller bei seinen häufigen vorangegangenen Besuchen der nahegelegenen Glockengießerei wohl die entscheidenden Anregungen zu deren Endfassung erhielt, wofür die Worte auf der dort einst angebrachtenTafel sprechen:

*Steh, Wanderer, still, denn hier erstand,*
*dass keine zweite möglich werde,*
*gebaut durch Schillers Meisterhand,*
*die grösste Glockenform der Erde.*

In historischem Gemäuer, im rekonstruierten Schillerhaus, trafen wir uns auch, die Abiturienten der Klasse 12b des Fridericianums, in der Vorweihnachtszeit 2009, zu unserem „50sten" und blickten, wie bei den vielen vorhergehenden Treffen, allerdings an anderer Stelle, auf Vergangenes zurück.

Diese Klassentreffen waren in der Vorwendezeit für viele so etwas wie Begegnungen, bei denen nicht nur Lieder aus ehemaliger Schüler- und Studentenzeit gesungen wurden. Nein, es waren vor allem auch Begegnungen, wo man sich vertraut austauschen und wo man auch neu „auftanken" konnte. Für manche von uns waren sie so vielleicht auch „heilsam". Und diese Feststellung kommt sicherlich nicht von ungefähr, denn wodurch sonst hätte das besser bestätigt werden können als durch die Tatsache, dass über Jahrzehnte hinweg ein Großteil, ja fast alle Klassenkameraden an diesen Treffen teilnahmen. Einmal im Jahr war das der Fall. In den ersten zwanzig Jahren zumeist am „3. Weihnachtsfeiertag", weil es da den meisten von uns - alle waren ja berufstätig - am besten passte.

Diese unsere Begegnungen waren sicher auch so etwas – wie eine „Heile Welt in der Diktatur" - wie es Stefan Wolle bezeichnete.
Eine heile Welt gab es für mich in einem gewissen Grade noch zu meiner Oberschulzeit. Mobbing und Ellenbogen-Mentalität waren mir, waren uns Schülern, da auch unbekannt.

Ich erinnere mich, wie ich manchmal den Zug von Schwarza zur Schule nach Rudolstadt verpasste. Der Unterricht begann ja dort in der Regel bereits frühmorgens um Sieben. Die Abfahrtszeit des Zuges in Schwarza war 6 Uhr dreißig. Ich machte mich auf die Socken, wenn ich sein pfeifendes Signal kurz vor seiner Einfahrt zum Bahnhof Schwarza, aus Bad Blankenburg kommend, hörte. Keine 100 m war er ja da nur noch entfernt. Ich brauchte bis zum Bahnhof von zu Hause auch nicht mal eine Minute. Oft blieb mir da auch nichts anderes übrig als auf den bereits abfahrenden Zug aufzuspringen, um mit Mühen eine Wagen-Plattform zu erreichen. War es die vom letzten Wagen, meist war das dann der Postwagen, so musste man die Fahrt bis Bahnhof Rudolstadt auf ihr verbringen. War das aber eine andere Plattform, etwa die zwischen den einzelnen Wagen, dann konnte man wenigstens auch noch ins innere Wagenabteil eintreten, eventuell auch dann von einem zum anderen Bahnwagen gehen und es sich noch für die restliche Fahrzeit von circa 6 bis 7 Minuten auf den dortigen Holzbänken gemütlich machen. Allerdings war dieses „Wandern" von einem Abteil zum andern über die Plattformen verboten und nur dem Zugpersonal erlaubt. Weniger erfreulich war für mich, wenn ich wahrnehmen musste, dass das Abfahrtssignal von Rot auf Grün bereits umgeschaltet war, der Zug somit bereits abgefahren und für mich unerreichbar war, wo es dann auch kein Aufspringen mehr für uns, die darin Geübten, gab. –

Ich musste mich dann schleunigst nach Rudolstadt auf den Weg machen, um dann hoffentlich noch rechtzeitig in der Schule zum Unterricht anzukommen. Für die anstehende Strecke von knapp 4 km hatte ich jetzt kaum 30 Minuten Zeit. Nicht ganz einfach, aber trotzdem nicht ganz unmöglich, es zu schaffen. Es war ja nicht das einzige Mal, und man hatte da schon über die Jahre ein bisschen Erfahrung gesammelt. In einem recht ordentlichen Laufschritt mit Aktentasche auf dem Rücken ging es da durch das vor Rudolstadt gelegene Dörfchen Volkstedt, wo sich Schiller bevor er nach Rudolstadt zog, niedergelassen hatte und dessen ländliche Stille er besonders liebte. Er schrieb darüber im Oktober 1788 an seinen Freund

**Einladung zum 20. Klassentreffen der Klasse 12b**
**Lithografie mit Stadtwappen von Rudolstadt,**
**Heidecksburg, Schule, Thüringer Bauernhaus, Heine-Park**

Cristian Gottfried Körner [31]: „Mein hiesiger Aufenthalt neigt sich zu Ende. Er hat mir viel angenehme Stunden verschafft, und, was das Beste ist, er hat mich mir selbst wieder zurückgegeben und überhaupt einen wohltätigenden Einfluss auf mein inneres Wesen gehabt." Und weiter heißt es dann:

„Ich liebe die Saale wie der Inder seinen Ganges. Die Gegend ist außerordentlich schön; ich bin sehr überrascht worden ... Bei uns ist die Natur doch recht freigiebig. Wenn man so unser Tal sieht, dies macht einen wohltätigen Eindruck... Sie können sich nicht mehr nach Ihren Bäumen und schönen Bergen sehnen als ich – und vollends nach denen in Rudolstadt, wohin ich mich jetzt in meinen glücklichsten Augenblicken im Traum versetze. Eine schöne Natur wirkt in uns wie eine schöne Melodie."

Natürlich hatte ich jetzt in der morgendlichen Stunde nicht die Zeit, mich an der Natur zu ergötzen, nicht darum, die Täler am Saaleufer zu bewundern. Es ging da vielmehr um den kürzesten Weg zum Zielort Schule, d. h., meist die Straße entlang. Die schöne Natur war da hintenan gestellt. Aber: Mit derartigen Läufen, oft aus der Not heraus geboren, wurde bei mir möglicherweise der Grundstein dafür gelegt, dass ich später immer wieder, ja eigentlich bis zum heutigen Tag, die verschiedensten Läufe - auch über größere Distanzen - fast mühelos bewältige. Möglicherweise aber auch dafür, dass ich bei auftretenden Schwierigkeiten niemals haderte und mich nicht scheute, auch Schwierigkeiten - welcher Art auch immer sie waren - erfolgreich zu begegnen.

Der Wandermann von heute wird hier wohl lieber eine Tour um Rudolstadt herum bevorzugen, die schon eher „Schillers Romantik" entspräche und die ich an ruhigen Tagen dann auch, mal kürzer, mal länger, verschieden variiert, häufig gemacht habe: Von den Berghöhen der Heidecksburg aus mit dem herrlichen Blick auf Rudolstadt und die umliegenden Täler zu den malerischen Thüringer Bauernhäusern, die auch oft als ältestes Freilichtmuseum Deutschlands bezeichnet werden, durch den Heine-Park weiter und schließlich über die „Rudolstädter Rivera" zur Volkstedter Schillerhöhe bis hin nach Schwarza.

Schiller hat sich noch während seiner Zeit an der Karlsschule und seines kurzen Aufenthalts in Stuttgart danach als Regimentsarzt mit dem Judentum befasst. Denn er war ein außerordentlich guter Kenner der Bibel, auf die er dann auch in einigen Passagen der „Räuber" zurückgriff, deren Uraufführung ja bereits in dieser Zeit in Mannheim erfolgte. Und das war auch „Der Jungfrau von Orleans" und „Wallensteins Lager" anzumerken [32]. Und das ist auch der Grund dafür, dass er kaum 30-jährig eine Professur für Geschichte und Philosophie an der nach ihm später benannten Universität im thüringischen Jena annehmen konnte.

In seiner dortigen Antrittsvorlesung, bekannt als „Die Sendung Moses", behandelt er die Gründung des jüdischen Staates. Diese Staatsgründung, so Schiller, war eine der denkwürdigsten Begebenheiten der Geschichte, verbunden mit Folgen auf die Welt. Es sind Folgen, die bis heute noch andauern.

Christentum und Islam, die einen großen Teil unseres Planeten beherrschen, stützen sich auf die Religion der Hebräer, wie damals in der hellenistischen Zeit die Israeliten genannt wurden. Die Lehre Moses, die monotheistische Lehre von der Einheit Gottes für alle Menschen, mosaische Religion genannt, wie sie Schiller in dieser Lesung vertrat, wird nicht nur von jüdischer Seite als ein wichtiger Beitrag zur Aufklärung bewertet. Denn ähnlich wie der Sündenfall mit der Vertreibung aus dem Paradies ist die Rolle von Moses beim Auszug der Israelis aus Ägypten, bei ihrer Rettung von Knechtschaft, ein wichtiger Schritt zur Verwirklichung von Freiheit und Menschlichkeit.

Die Rolle, die Schiller in seiner Jenaer Lesung dem Wüstengang beimisst, entspricht bekanntermaßen [32] nicht ganz der historisch tatsächlichen biblischen Gegebenheit. Sie ist vielmehr eine philosophische Darstellung mit dem Instrument von Religion und wahrem Gott, was seiner Meinung nach der Grund für den moralischen Zusammenhalt des israelischen Volkes in den „40 Jahren Wüste" war.

„Die barbarische Behandlung" der Juden durch ihre Unterdrücker sei die Ursache ihrer schlechten Verfassung, so Schiller. Und weiter: „Die Ebräer lebten abgesondert von den Egyptern... und machten auf diese Art einen Staat im Staat aus... Alles Böse", welches man diesem Volk nachzusagen gewohnt ist, alle Bemühungen witziger Köpfe, es zu verkleinern, werden uns nicht hindern, gerecht gegen dasselbe zu seyn." [33].

Die Wertschätzung Schillers war zu Lebzeiten bereits sehr unterschiedlich. Während sich die Mehrzahl der Juden eindeutig zu ihm bekannten, gab es auch westlich orientierte Juden, wie etwa Ludwig Börne oder später auch Theodor W. Adorno, die sich über ihn oft sehr kritisch äußerten. Aber vor allem galt: Für die jüdische Jugend war er ein Idol, das für deren Moral und Werte stand, für Freiheit, Humanität und Menschenwürde. Und bei den Ghettojuden, vor allem in Österreich und Polen, und den Juden Osteuropas war er der große Freiheitsdichter [33].

Und so habe ich ihn auch als Schüler und Student empfunden.

Ich glaube aber an eines ganz besonders: Schiller war kein Mitläufer, weder während seiner Zeit an der Karlsschule und anschließend als Regimentsarzt, noch in der späteren Zeit als Professor an der Jenaer Universität. Und trotzdem gibt es die Kritik, dass er den Feinden der Juden, die es bei seiner Vorlesung gab oder die zu den Lesern seiner Werke gehörten, zu wenig entgegentrat. Aber mit der Aussage in seinem Essay „Die Sendung Moses" „die Juden bildeten einen Staat im Staat" wirkt er polarisierend und herausfordernd zulgleich, die Fremdheit dieses Volkes und die Besonderheit seiner Religion besser zu verstehen – und zu tolerieren [33, 34].


Vielerlei Parallelen zu Günter Grass sind da zu erkennen.


Vor mehr als 200 Jahren hatte Schiller einen wichtigen Beitrag zur Entwicklung der Aufklärung geliefert und auch dafür, dass die Juden in Europa mehr Rechte erhielten. Und ich erinnere mich in diesem

Zusammenhang auch an einen der 27 Briefe Schillers „Über die ästhetische Erziehung des Menschen". Im 8. Brief dazu heißt es:

„Nicht genug also, dass alle Aufklärung des Verstandes nur insofern Achtung verdient, als sie auf den Charakter zurückfließt; sie geht auch gewissermaßen von diesem aus, weil der Weg zu dem Kopf durch das Herz geöffnet werden muss. Die Ausbildung des Empfindungsvermögens ist also ein dringendes Bedürfnis der Zeit, nicht bloß weil dies ein Mittel wird, die verbesserte Einsicht für das Leben wirksam zu machen, sondern selbst darum, weil sie zur Verbesserung der Einsicht erweckt."

In der Gegenwart, nach nahezu 70 Jahren Holocaust, nach den Erfahrungen über den israelischen 6-Tage-Präventivkrieg 1967, nach dem kriegerischen Debakel der Amerikaner gegen den Irak, geführt unter dem Vorwand der Vernichtung dort versteckt gelagerter Atomwaffen, besteht heute, berechtigt mehr denn je, die genannte Sorge über das Atomprogramm des Irans und über den möglichen Präventivschlag Israels gegen den Iran. Dieser hätte, und darüber besteht meiner Meinung nach Gewissheit, einen kaum überschaubaren Flächenbrand zur Folge.

Positive Veränderungen im Iran, die den Missbrauch dortiger Atomanlagen ausschließen, können meiner Meinung nach auch nicht, wie bislang geschehen, durch Sanktionen und Diktate erreicht werden. Echte Fortschritte dürfte es wohl nur geben, wenn die Menschen im Iran selbst diese Forderungen verwirklichen, wenn die Aufklärung in ihren Köpfen, in ihrer Geisteshaltung entsprechend entwickelt ist, wie das schon bei Schiller analog in seinem 8. Brief ganz allgemein angeregt wurde.

Ich glaube, wenn Schiller heute leben würde, hätte er vielleicht ein ähnliches Handlungsmotiv als Schlussfolgerung zu den Empfehlungen aus dem genannten 8. Brief „Über die ästhetische Erziehung des Menschen" abgeleitet.

Günter Grass hat auf seine Weise diese seine Sorgen zum Ausdruck gebracht. Ich betrachte sein Gedicht deshalb vor allem als einen Anstoß zu einer weit umfassenderen Thematik, der wir uns heute und zukünftig vor allem gegenüberstehen.

Es geht in der heutigen globalisierten Welt nicht allein um den Euro und Europa. Indien und China sind jetzt und zukünftig weiter auf dem Vormarsch. Und im Nahen und Mittleren Osten entwickeln sich neue Machtkonstellationen. Es geht dabei vor allem um die Hegemonie in dieser Erdölregion, um die Auseinandersetzung zwischen Schiiten und Sunniten, um die Rolle des wirtschaftlich starken Iran.
Vor diesem Hintergrund spielt sich die israelische Drohung ab.
Die Vermittlerrolle Deutschlands im westlichen Bündnis könnte darin bestehen, sich wirtschaftlich und politisch wesentlich stärker als bisher einzubringen. Und man könnte sich dabei auch gegenüber dem Iran mehr öffnen, etwa so wie das einst die USA unter Nixon gegenüber China getan hatte (vgl. [35-37).

Deswegen, ja auch deswegen, blicke ich zurück „Wider das Vergessen", um nach der „Wende" möglichst den richtigen Weg zu finden:


*Mehr als 20 Jahre sind inzwischen dahin.*

*Gedanken  zum erreichten Glück sind mir im Sinn.*

*Herbstliche Natur auf heimischen Wegen.*

*Ist wie en Stimulator, um Neues in mir zu erregen.*

*Erreichte Freiheit, zunächst kaum fassbar mit Verstand.*

*Nun aber Alltag, in einem wunderbaren Land.*


*Töricht zu vergessen, was damals war*

*Vor mehr als 20 Jahren,*

*Die vielen Menschen in unserm Land.*

*Mit ihren Kerzen, Gebeten, ihren Nöten, ihren Sorgen.*

*Und ihren Fragen nach dem Morgen.*

*Damals, an Montagabenden*

*In Leipzig, Plauen, Dresden und  Berlin*

*Tausende auf Straßen und Plätzen entlang ziehn.*

*Für Freiheit und Menschlichkeit.*


*Jetzt sind sie anders diese Fragen und die Sorgen.*

*Sie sind anders, und nicht wie die von einst.*

*Sie sind von anderen Menschen auch zumeist.*

*Hier und global, heute und morgen.*

*Ich versuch darauf mir eine Antwort zu besorgen.*

*Ich, ein von Mauern Geprägter, in einem neuen Leben.*

Einst, wie eingemauert und nun frei.
Das glücklich Erreichte ist wie ein Segen.

Was ich vor 20 Jahren als Geschenk empfunden,
ist heute Selbstverständlichkeit.
Ich hör von fern die Glocken läuten.
Mir ist's als ob ein golden Schweif
durchstreift jetzt meine Brust.
Ich kann's kaum deuten.

Mir scheint's wie eine Botschaft,
von Gott ersonnen.
Ich fühl des Himmels Glück und neue Lust.
Die Lust auf Neues, Neues zu erfahren und zu verstehen,
Neues zu bewegen, auf neuen Wegen zu gehen.
Fremde Religionen und Kulturen zu studieren.
In angemessener Toleranz einander zu respektieren.

Ganz gleich, ob Maja, Inka, Buddha, Moslem oder Christ,
ob mit und ohne Gottesschein.
Es scheint, nur das allein ist wichtig: Mensch zu sein.
Ganz gleich, ob es geschieht
mit Moses´ Lied des Meeres oder jüdischem w´chiper,
Ganz gleich, ob es geschieht
mit hinduistischen oder anderen Ritualen um „Karma-mehr".

*Es gilt das Ziel: Freiheitlich miteinander und friedvoll zu leben.*

*Es gilt: Gefahren erkennen und ihnen zu entgegnen.*

*Denn: „Die Welt von morgen braucht unsere Antworten von heute"*
*[38].*

# *Quellenverzeichnis*


[1] Manfred Klose: „Von Mauern geprägt. Eine nicht ausschließlich persönliche 40-Jahres- Retrospektive". Projekte Verlag Cornelius Halle, 2011

[2] Hasnain Kazim: Deutscher Afghanistan-Einsatz: Zehn vertane Jahre. Spiegel Online.22.12.2011

[3] Stefan Wolle: „Die heile Welt der Diktatur. Alltag und Herrschaft in der DDR 1971 - 1989". Christoph Links Verlag 1998

[4] Günter Grass: „Katz und Maus". Hermann Luchterhand Verlag, Neuwied und Berlin, 1961. Rowohlt Taschenbuch Verlag Reinbeck, 1963

[5] Günter Grass: „Die Blechtrommel". Deutscher Taschenbuch Verlag München 1993

[6] Günter Grass: In: Nachwort „Aus dem Tagebuch einer Schnecke". Hermann Luchterhand Verlag Darmstadt und Neuwied 1987

[7] Hanns Mommsen: Frankfurter Rundschau 16.08.2006

[8] Peter Schwarz: „Günter Grass und die Waffen-SS", in: wsw.org

03.05.2012

[9] Burkhard Spinnen: In: „Die Welt" 14.08.2006

[10] Uwe Timm: „Am Beispiel meines Bruders". Kiepenheuer &
Witsch Verlag Köln 2003

[11] Uwe Timm: In: http://gaebler.info/politik/grass vergangen-
heit.htm

[12] Egon Bahr: In: Frankfurter Rundschau 16.08.2006

[13] Günter Grass: „Beim Häuten der Zwiebel". Steidl Verlag Göttin-
gen 2006

[14] Exodus 19:3-6. Ebertfelder 1905 (Germany)

[15] Christian Thomas: „Moses und der brennende Dornbusch. Am
Anfang war das Feuer" in: Frankfurter Rundschau 22.05. 2010

[16] Georg Friedrich Händel: Oratorium mit 3 Chören „Israel in
Egypt". Vgl.: http://www.alexanderfest.info/Haendel/Oratorium

[17] „Mose, das Volk Israel und der Auszug aus Ägypten". in Ägypten
kindsweb.de (nachgezeichnet)

[18] Georg Friedrich Händel: "Israel in Egypt" – Oratorio No. 8b -
Chor: "He smote all the firstborn of Egypt"

[19] 2. Mose 15, „Moses Lobgesang"

[20] http://Offenbarung 15.3

[21] http://(2. Mose 14.22-29)

[22] http://(Psalm 118.14)(Jesaja12.2)

[23] Wolfgang Sachers: Kommentar zu „Von Mauern geprägt"

[24] „250 Fragen – 250 Antworten über die Deutsche Demokratische Republik". Hrsg.: Ausschuss für Deutsche Einheit, Verlag Die Wirtschaft Berlin, 1954

[26] Günter Grass: „Für Konföderation, gegen Widervereinigung", Gespräche mit Günter Grass, in: tageszeitung vom 27. Februar 1990

[27] Dieter Wellershof: Gerade nach kreuzungsfähigen Unterarten „Votum für eine deutsche Wiedervereinigung", Diskussionsvorlage für ein deutsch-deutsches Schriftstellertreffen zum Thema „Einheit der Vielfalt" am 24. Februar 1990 im literarischen Colloquium Berlin, in: ders., Werke 4. Essays, Aufsätze, Marginalien, Köln 1997, S. 57, vgl. [28]

[28] Konrad Löw, Herausgeber: Schriftenreihe der Gesellschaft für Deutschlandforschung Bd. 77. Zehn Jahre deutsche Einheit. Duncker & Humblot Berlin, 2001

[29] Martin Walser: „Vom Stand deutscher Dinge", in: Frankfurter Allgemeine Zeitung 05.12.1989

[30] Für diesen Hinweis möchte ich meinem ehemaligen langjährigen Schulkameraden Hans-Jürgen Wagner danken

[31] In: Lutz Unbehaun: „Schillers Heimliche Liebe" Der Dichter in

Rudolstadt. Böhlau Verlag GmbH&Cie Köln Weimar Wien 2009

[32] Ursula Homann: „Schiller und das Judentum", in: www.ursula-homann.de/SchillerUndDasJudentum/kap004.html

[33] "Schiller und das Judentum". Publikationen.ub.uni-frankfurt. de

[34] Klaus L. Berghahn: Grenzen der Toleranz. Juden und Christen im Zeitalter der Aufklärung. Böhlau Verlag Köln-Weimar-Wien 2001

[35]Tobias Daniel: „Zwischen wirtschaftlicher Kooperation und Menschenrechtsdiskussion – Die Beziehungen Deutschlands zu China und der asiatisch-pazifischen Region". Johann Gutenberg Universität Mainz 1997/98

[36] Irananders.de. Iran.Politik: Quo Vadis Deutschland? 19.08. 2010

[37] Claudia Wössner: „Warum erkannten der amerikanische Präsident Richard Nixon de facto die Volksrepublik China an ?". E-book Kindle-Edition

[38] In: Siemens Global Webseite

Mehr als ein halbes Jahrhundert hat meine Schwester Inge die Karten meines Vaters aus russischer Gefangenschaft sorgfältig aufbewahrt. Sie sind für mich von unschätzbarem Wert.

Denn: Wider das Vergessen:

Trotz Stalingrad. Es gab da vor allem auch die russischen Menschen und das Menschliche.